咨询室里的万千家庭

张凤 ◎ 著

中山大学出版社
·广州·

版权所有　翻印必究

图书在版编目（CIP）数据

咨询室里的万千家庭/张凤著. —广州：中山大学出版社，2023.2
ISBN 978-7-306-07705-9

Ⅰ. ①咨⋯　Ⅱ. ①张⋯　Ⅲ. ①家庭教育　Ⅳ. ①G78

中国国家版本馆 CIP 数据核字（2023）第 020630 号

出 版 人：	王天琪
策划编辑：	高惠贞
责任编辑：	陈　莹
封面设计：	林绵华
责任校对：	陈晓阳
责任技编：	靳晓虹
出版发行：	中山大学出版社
电　　话：	编辑部 020-84110283，84113349，84111997，84110779，84110776
	发行部 020-84111998，84111981，84111160
地　　址：	广州市新港西路 135 号
邮　　编：	510275　传　真：020-84036565
网　　址：	http://www.zsup.com.cn
	E-mail: zdcbs@mail.sysu.edu.cn
印 刷 者：	恒美印务（广州）有限公司
规　　格：	880mm×1230mm　1/32　10.75 印张　238 千字
版次印次：	2023 年 2 月第 1 版　2024 年 10 月第 2 次印刷
定　　价：	77.00 元

如发现本书因印装质量影响阅读，请与出版社发行部联系调换

序

亲爱的朋友：

　　你好！

　　我是张凤。感谢你打开这本书。从这一刻起，我们的灵魂就相遇了。我是两个孩子的妈妈，也是国家一级婚姻家庭咨询师、心理健康指导师。

　　这本书起笔于2015年3月。七年的日日夜夜，五次推翻重写，反反复复修改过数十遍，见证了数不清的家庭走向了幸福。

　　作为咨询师，如何将真实故事展现出来又不暴露个人隐私？如何将不同的个案重组成一个连贯性的故事？如何能切实帮助读者又不偏离主题？每一步都是心血。这本书在试读期间，已经为许多家庭解决了关于婚姻、关于亲子、关于孩子的身心守护、关于家庭教育、关于家国责任等问题。

　　我长期与不同性格的孩子们打交道，并且深度陪伴其家庭的成长。在践行的过程中，我发现市面上大部分的家庭教育理念都是落不了地的说教，或者是违背人性的过度克制。

　　很多心理咨询师或婚姻家庭咨询师，一头扎进烦冗的理论里学得不亦乐乎，我清楚他们终将失望，因为那些华丽的道理在现实中根本起不了太大的作用。

没有深入百姓的生活，而只是凭空说教，怎么疗愈得了浸润在柴米油盐酱醋茶里的普罗大众？

而一些咨询师在面对个案时，自己也摸不着头脑，找不到问题的根本，亦缺少具体的解决方法。为此，本人把多年的实践心血整理出来，坚信它能给更多的咨询师与家庭带来光亮。

人们总认为家庭教育就是家长教导孩子，其实这是不完整的，它还包括了婚姻和家庭关系。只有婚姻和家庭关系更健康，育儿的一系列方法才得以践行。所以，在这本书里，你会发现大量关于夫妻关系解析的内容。

很多看过本书样稿的心理咨询师说，这本书是家庭心理教育的宝典，也是修心和提高能量的宝藏，是值得保存的全面家庭教育指南。感恩抬爱，本人实践有余但才疏学浅，深知它尚有不足之处，还望各位前辈与读者不吝赐教。希望它能帮助到更多的家庭，为婚姻稳定与社会美好，尽一分匹夫之力。

这里想对正在看此书的你说几句掏心窝的话：不要功利性阅读，不要走马观花式阅读。请把这本书放在手头，反复阅读，深度思考，落地践行。践行一次胜过阅读十次，只要你愿意跟着书中的方法去践行，一定会收获比黄金更珍贵的珍宝。

张凤

读者荐语
（排名不分先后）

仔细拜读了张凤女士的著作，很受感动。她把万千个家庭常常遇到的苦恼娓娓道来，看似没有深入腠理的分析，只是举重若轻、轻松随意的叙事，实则背后是深厚专业知识和丰富咨询经验的积淀。一个个故事串接起来，讲的其实是如何爱孩子、如何爱伴侣、如何经营家庭的大道，大音希声，大象无形，值得大家多读几遍并认真思考。

——张旸

中科院心理所心理健康应用中心特邀专家

中央国家机关心理和体质健康基地特邀专家

读张凤女士写的《咨询室里的万千家庭》，有一种陷入情境中的无法自拔，让人跟着案例中的情节一直游走下去。在外部环境容易令人焦虑的今天，如何让自己变得自信和坚强，显得格外重要。很庆幸有机会读这本书，它有着非凡的指引和借鉴作用。感谢张凤送给读者的一套有解决方案的家庭心理指南。

——石波

英国 L&S Tech 科技有限公司创始人

成都智学应用教育公司联合创始人

英国人工智能硕士研究生

英国多所著名学校科技教育顾问

《咨询室里的万千家庭》是张凤老师七年来陪伴了无数家庭的心血。我是见证者,因为我便是其中的一员。那么普通的我,在认真实践了课程内容以后,不仅家庭关系变好了,而且改变了自己的命运,成为一名优秀的在校心理老师。我真诚地向您推荐这本书,因为它可以让您的家庭变得更幸福。

——黄老师
在校心理老师

张凤女士有着扎实的心理学专业功底和丰富的心理咨询经验。我认真地阅读了本书,可以说它是一本家庭必备的育儿书。书中没有空洞的"大道理",而是用在普通家庭中出现的案例来帮助大家找到解决问题的方法,既通俗易懂,又易于掌握。我相信,阅读本书将有助你解决在婚姻、育儿上遇到的问题,并且找到生活的正能量。

——小爱(Xing Wu)
英式育儿专家
联合国气候变化大使
原国际资深媒体人

我的孩子曾经因为抑郁而休学两年,所有家庭成员的情绪低落到了冰点。正是因为践行了《咨询师室里的万千家庭》里的修心方法,我的心态才变得稳定,从而引领孩子从抑郁里走了出来,引领家庭氛围变得更加温暖!我向您推荐这本书,因为它既包含专业的心理知识，又有可以落地的践行方法，是万千家庭的福星。

——小清妈妈

不再困惑的妈妈

　　我是一个注意缺陷多动障碍孩子的妈妈，曾经非常痛苦。有缘提前看到了张凤老师这本书的样稿，并且按照书中的方法进行家庭关系调整。一年多后的今天，我的孩子专注力变强了，我们的亲子关系从紧张走向了和谐。我向您推荐《咨询室里的万千家庭》，因为它是我读过的家庭教育和心理学的书籍里面最为实用的！您值得拥有。

——欣妈妈

多动娃娃的妈妈

　　我有三个孩子，曾经因为孩子的问题找张凤老师咨询过，就这样成为老师的学生和朋友。以前我性格好强，也经常与爱人争吵。践行了这本书里的方法以后，我找到了正确的表达方式，夫妻关系越来越温馨。我同时也是业委会主任，还是资深义工，免不了经常与人打交道，时刻都要调整心态以及学会智慧沟通，这本书成了我的随身指导。我认为，《咨询室里的万千家庭》应该走进每一个家庭，因为它可以让一个又一个的家庭变得幸福。

——张运波

心理咨询师

　　我是一名特教老师，也是心理咨询师，自己也有一个略微特殊但却幸福的孩子。其实，我对家庭教育和心理知识的学习并不少，但在打开《咨询室里的万千家庭》以后，仍然被折服了。这是集心理学、修心法、家庭教育为一体的行业经典，经得起考验，方法很实用！我将它用在了家庭和工作上，受益非常大。

——张岚
心理咨询师
特教老师

我是一名中学老师，去年带毕业班。我与我的学生们在践行了《咨询室里的万千家庭》里的修心方法以后，学生们的学习成绩均提高了不少。其实，作为教师，我们都考过教育心理学这门课，但我仍然觉得这本书的方法太实用了，践行之后可以不断带来喜悦。

—— 周老师
中学老师

我曾经学习过很多派系的心理学知识，当然都有所受益。但是，在遇见了张凤老师与她的《咨询室里的万千家庭》以后，我的认知有了非常大的改变。张凤老师是我到目前为止所遇见的，唯一能将理论、实践和能量提升融会贯通的老师。配合本书，我还参加了张凤老师的"潜意识增福训练营"。此次学习使我的家庭更幸福了，跟我一样受益的人还有很多。我将继续向老师学习，让家庭更幸福！

——郝玲玲
心理成长讲师
两个可爱孩子的妈妈

我是一名单亲妈妈,曾经对自己一个人带着孩子以及未来的生活没有信心,生活充满了未知数。打开这本书之后,我看见了好多了不起的母亲,也学到了好多落地的践行方法,收获了无穷的力量和希望!

现在,我和女儿过得越来越幸福,特别感谢《咨询室里的万千家庭》,真心地向各位推荐!

——邓敏

曾经迷茫的妈妈

心理咨询师

我曾经留过学,也曾是"女强人",开了好几家酒店。疫情期间,生意受到影响,我变得焦虑抑郁,上了好多心理健康课程也没能走出来。一个特别的机缘,我遇见了《咨询室里的万千家庭》,原以为只是一本关于家庭教育的书,没想到收获了额外惊喜。按照书中的方法实践,我这颗因创业而消沉的心竟然复活了,找回了勇气。非常幸运,遇见了张凤老师和她的书,卡在我们家十来年的婚姻死结也打开了,家庭变得更温暖、更阳光了。

——林静悦

勇敢的妈妈

坚强的创业者

我是一名全职妈妈,有三个孩子。之前性格较软弱,不善于表达沟通,对自己没有信心,总担心跟不上孩子爸爸的发展脚步。总是人前风光,人后不知咽了多少泪水。自2019年认识张凤老师并开始了深度修心后,我真正接纳了自己,看到并肯定自己的价值,重拾信心。现在，我的家庭更幸福了！我的内心喜悦丰盈！我的幸福密码来自《咨询室里的万千家庭》，里面的方法易懂易践行，赶紧行动起来寻找属于您的幸福密码吧！

——赵福玲
喜悦丰盈的妈妈

在因育儿而焦虑时，我与张凤老师结缘。后来，我又践行了《咨询室里的万千家庭》中的修心方法，心态越来越好，原本性格内向的孩子也变得越来越开朗，亲子关系越来越融洽！

——刘一
曾经焦虑的妈妈
教育工作者

我是一名专职律师，也是一个六岁小男孩的妈妈和一个三十多岁"大男孩"的妻子。因为这两个男孩，我曾不远千里走进张凤老师的咨询室；从张凤老师的咨询室走出来后，我开始收获越来越多的幸福。《咨询室里的万千家庭》一书记录了她多年来为万千家庭服务的真实案例，浓缩了她开创的实践派家庭心理学的重大成果，是真正能够帮助到每一个家庭的优秀书籍。因此，我向大家强烈推荐这本书，希望这本书让更多的家庭受益，收获更多的幸福。

——春园
幸福的妈妈
专职律师

目 录
CONTENTS

婚姻育儿难题篇

第1章 家长心中的怒火反反复复怎么办 /002
  1.1 家长发火的根源并不是孩子 /002
  1.2 家人之间互不认可变成了怒火 /006
  1.3 浇灭因经济压力带来的怒火 /010
  1.4 珍惜孩子吧！改掉盛气凌人的习惯 /012
  1.5 "平和教育"讲究平衡、循序渐进与合理释放 /013
  1.6 从怒火走向平和的必经之路 /016

第2章 孩子做事总是拖拖拉拉怎么办 /019
  2.1 你的催促可能会伤害天然慢性格的孩子 /019
  2.2 如何应对孩子成长中的拖拉行为 /022
  2.3 拖拉的行为不可能被彻底消除掉 /025
  2.4 改变环境，减少孩子的拖拉行为 /026
  2.5 家庭教育讲师的女儿也有拖拉的习惯 /029
  2.6 家长通过异地视频陪孩子战胜了拖拉的习惯 /030

2.7 四个孩子的妈妈陪孩子战胜了拖拉的习惯 /031
2.8 好状态、好方法让孩子做事不再拖拉 /032
2.9 战胜拖拉的习惯还有这么多妙招 /034

第3章 孩子对手机上瘾，到底该怎么办 /039
3.1 电子设备也有成就孩子的一面 /039
3.2 戒掉手机瘾的具体方法 /041
3.3 孩子们给出的戒掉手机瘾的妙招 /044
3.4 抢走孩子手中的手机与放任不管都不可行 /046
3.5 爬了一次山后，孩子能合理使用手机了 /049
3.6 哪些孩子容易对手机上瘾 /050
3.7 家长也要戒掉手机瘾 /052

第4章 有没有办法提升孩子写作业的质量 /054
4.1 孩子写作业不认真的三个根源 /054
4.2 我们对作业的五个错误认知 /059
4.3 这些孩子是这样提高作业质量的 /066

第5章 如何让孩子爱上学习 /069
5.1 孩子喜欢学习，因为遇到了有趣的老师和家长 /069
5.2 孩子厌学的三个根本原因 /071
5.3 品尝到学习的喜悦，她的学习成绩提高了 /075

第 6 章　该如何为孩子选择才艺班　/076
6.1　孩子的眼里还有光吗　/076
6.2　智慧的妈妈这样帮孩子选择才艺班　/077

第 7 章　孩子有注意缺陷多动障碍怎么办　/080
7.1　关于注意缺陷多动障碍　/080
7.2　因注意缺陷多动障碍而抓狂的母子　/086
7.3　训练专注力的方法　/091

第 8 章　兄弟姐妹老吵架怎么办　/094
8.1　太多家庭欠老大一个道歉　/094
8.2　在家庭里种下好好说话的种子　/097
8.3　让孩子们学会在冲突中相亲相爱　/097

第 9 章　孩子偷东西怎么办　/100
9.1　智慧的妈妈如此教育孩子不偷东西　/100
9.2　孩子偷偷"拿"东西的六个原因　/102

第 10 章　孩子叛逆怎么办　/108
10.1　应对不同叛逆期的方法　/108
10.2　家长对叛逆的误解　/111

第 11 章　孩子贪慕虚荣怎么办　/114
11.1　条件不好演变成了贪慕虚荣　/114
11.2　因虚荣心而崩溃的女孩　/115

第 12 章　适应不了身边人，怎么适应社会　/117
12.1　这烦恼是爷爷奶奶带来的吗　/117

12.2 适应不是让你一味地忍让 /119
12.3 适应不同的老师 /121
12.4 适应不同的环境 /122

第13章 被人否定没什么大不了 /123
13.1 欣赏你的人在不久的未来 /123
13.2 孩子,世界不会一直哄着你 /124

第14章 有了目标与责任才会有未来 /126
14.1 做人必须要设定目标 /126
14.2 受刺激后获得成功的普通人 /128
14.3 责任感使他们更有担当 /129
14.4 责任感被剥夺,使孩子步履艰难 /130
14.5 家国责任是幸福的基础 /132

第15章 夫妻分开对孩子影响大吗 /134
15.1 轻率离婚,追悔莫及 /134
15.2 如此,不如分开 /135
15.3 单亲家庭里的阳光少年 /136

第16章 留守孩子也可以幸福成长 /138
16.1 只要父母用心,孩子在外地也可以获得陪伴 /138
16.2 留守儿童会过得越来越好的 /139
16.3 妈妈的一封信,将留守的孩子带上了正道 /140

第17章 青春期的孩子要注意哪些问题 /143
17.1 情绪释放非常必要 /143
17.2 家长忽视生理教育给孩子带来的伤痛 /145
17.3 学习与人生的关系 /147
17.4 家长的价值观对孩子的影响 /148

第18章 教会孩子远离校园暴力 /150
18.1 触目惊心的校园暴力 /150
18.2 施暴者的性格特点 /151
18.3 如何让孩子远离校园欺凌 /153

第19章 守护孩子们的生命安全 /154
19.1 现在的孩子到底怎么了 /154
19.2 如何避免孩子产生极端想法 /155
19.3 家长与老师气不过怎么办 /156
19.4 避开以下情况,孩子就不会产生极端行为 /157
19.5 如何让患抑郁症的孩子得到康复 /158
19.6 给中学生的一封信 /161

第20章 夫妻育儿观不同怎么办 /164
20.1 有效沟通挽救了他们的婚姻 /164
20.2 夫妻之间的互相博弈 /168
20.3 育儿观不同是假象,这六个问题才是真相 /174
20.4 为了第三者而离婚,他只得一地苍凉 /186
20.5 体验对方的感受胜过换位思考 /187
20.6 孩子不需要假装完整的家庭 /189

第21章 与长辈育儿观不同怎么办 /191

21.1 年轻父母与长辈的育儿观不同,让这个家庭好痛苦 /191

21.2 哪种给孩子吃饭和穿衣的方式才是对的 /192

21.3 如何与长辈达成共识,共同管理孩子手中的电子设备 /195

21.4 给孩子报才艺班,家中长辈为何生气 /197

21.5 隔代亲和隔代严真的有错吗 /198

21.6 稳住长辈的情绪 /200

21.7 孝顺与尊敬长辈,是家庭获得好运气的基础 /201

第22章 家长与老师,请各自归位 /203

22.1 远离只讲空道理的"专家" /203

22.2 家长与老师,请各自归位 /204

家庭修心篇

一、家长在班级群里接到老师的提醒该怎么办 /208

二、当家长发现孩子学习不认真 /212

三、传输美好的重要性 /216

四、面对与祝福 /221

五、心态的崛起与能量的守护 /225

六、与孩子的情绪错峰 /230

七、在充满希望中践行 /235

八、给予与敞开心扉等于收获与富有 /239
九、"好话好运"与活在觉察里 /244
十、大自然是最好的疗愈师 /250
十一、什么样的人容易有心理障碍 /254
十二、读好书疗愈，乱读书抑郁 /258
十三、拎得清，你才过得好 /262
十四、学会欣赏自己以后，终于顺利了起来 /267
十五、摆脱敏感与脆弱的实用方式 /271
十六、如何面对经济焦虑 /277
十七、真正接纳孩子 /281
十八、奋斗是为了获得快乐 /286
十九、这两个字拯救了不少家庭 /290
二十、打开小长假的正确方式 /294
二十一、莫让习惯性冲动毁了孩子 /298
二十二、想获得一番成就，先收下这两个大礼 /302
二十三、和解后的富足 /306

经典课程篇

一、感恩母亲还是感恩苦难 /312
二、简聊婚姻的本质 /315
三、家庭教育与孩子的一生 /317

后 记 /319

婚姻育儿难题篇

第 1 章 家长心中的怒火反反复复怎么办

管理情绪，这说起来简单，但做起来真的不容易。不然，为何听遍了各种道理和理论，却依然管理不好自己的情绪？在本章里，我们将远离普通人较难做到的道理和理论，用你我都能落实的方式，一步步减少你发火的频率，一步步减少你愤怒的频率，一步步减少你崩溃的频率。

比如：因孩子写作业而产生的怒火，因与家人怄气而产生的愤怒，因经济压力而产生的崩溃。是的，这就是家长反反复复发火的三个根本原因。接下来，我们会呈现真实的案例，使你可以更加透彻地看到情绪反复摇摆的根本原因。

1.1 家长发火的根源并不是孩子

静静是蜗居在深圳的普通妈妈，有个可爱又争气的女儿。一到五年级，女儿的数学测验成绩基本都在 95 分以上。然而，六年级的一次单元测成绩下滑到 87 分，并且老师批评孩子在课堂上偷看小说。静静的怒火噌地一下就起来了,她把孩子的书与本子扔了一地,数落女儿不上进,诉说自己的不容易。越数落越委屈,自己哭得声嘶力竭,女儿也被吓得胆战心惊。

这一番闹腾只换来女儿的表面听话。事后我问了孩子的真实想法,她说除了怕妈妈,也更怕学习了。果然不出所料,下一次的测验成绩滑落得更厉害,仅考了76分。分数公布那天,孩子在外面晃荡到晚上9点多才敢回家。

在等孩子回家的过程中,静静吓哭了,她怕女儿离家出走,怕女儿发生意外……晚上9点多见到孩子时,她没有数落孩子半句,没有批评孩子不懂事,还一反常态地温柔:不仅给孩子做了丰富的夜宵,还向孩子表达了妈妈的爱意。静静这次态度好转,除了担心女儿,还有个原因:这段时间她在公司的业绩相当不错,被提升为销售主管,情绪处于饱满状态。

又过了段时间,静静再次爆发,原因是女儿作业没完成,与其他几个同学的名字一起被公布在班级群。刹那间,她忘记了所有学过的道理,也忘记了前段时间孩子晚回家的紧张心情,头脑一片空白,将手中的水杯狠狠地扔向女儿!谢天谢地,玻璃杯只是碎在了地上,否则后果不堪设想。

我在后来的深度咨询中了解到:静静这次发火不仅仅是因为女儿作业未完成这么简单,当天静静还与老板爆发了激烈的争吵，同时又被娘家催着筹集弟弟的结婚费用。所有事情堆积在一起，因此次女儿作业事件而情绪失控。

把这几次事件抽离出来，我带着静静站在更高层面寻找根源，她清晰地看到：发火的真正原因不是孩子，而是自己的情绪不佳。情绪好的时候，即使女儿犯了错，她也很有耐心；情绪不好的时候，女儿小小的过失便能引发她的各种看不惯。

在家长平静的状态下，孩子的表现稳步上升；在家长暴躁的状态下，孩子的表现直线下降。于是，我送了她一个"观想呼吸"的"按钮"：

（1）情绪上升之时，开始深呼吸至丹田，并观想吸进来的是冷静，呼出去的是躁动。

（2）一吸一呼为一次，吸入丹田后憋住气，实在憋不住了再释放。共进行七次，根据自身情况可以增加次数，直到情绪平静下来。

（3）之后问自己：怎么做才能将事情处理得更好？

让观想呼吸变成生活中的一种习惯，时时刻刻做练习，你将受益终身！你可以举一反三，吸进来的是平和，呼出去的暴躁；吸进来的是专注，呼出去的是分神；吸进来的是正能量，呼出去的是负能量；吸进来的是爱，呼出去的是伤痕。

一呼一吸便是生命。呼吸法是瑜伽、心理疗愈、静心都无比重视的疗愈之精华。

若遇到特别令人生气的事情，就连"观想呼吸"也解决不了时，可以转身进入房间做跳跃运动，让愤怒随着汗水排出；也可以抬起脚迈出去，通过跑步等运动进行合理发泄。平静下来要做的第一件事不是安慰孩子，而是与自己对话。因为内疚的负荷非常重时，不仅会打压自己进步的积极性，还会发生攻击自我的情况，进而演变为攻击他人，所以，与自己对话非常重要。

请找一处适合的空间坐下来，对自己的身心发出声音："亲爱的自己，你是很棒的爸爸/妈妈，别人如果跟你有一样的经历，未必有你做得好。你会不断进步，升级为更好的爸爸/妈妈！"反复讲这句话，直到自己充满力量为止。然后，再用充满力量的声音对孩子讲："亲爱的孩子，你是很棒的孩子，别人的爸妈如果是这样的性格，未必有你做得好。你会不断进步，升级为更好的你！"

每个人的潜意识都是由自己的信念创造出来的！与身体真诚对话，就是在改变这个潜意识根源，播种正面信念。静静按我教的流程，坚持了一段时间，内心逐渐归于平静，可以跟孩子好好沟通了。由此可见，只要开始有意识地启动"观想呼吸"，就是有了大进步！哪怕偶尔几次未成功也不怕，下次努力即可！还有一些零星的小火苗其实也无关紧要，那是磨炼孩子强大心理的照明灯。

现在所有人都在教家长如何理解孩子，批评家长这也不对，那也不对。家长得不到理解，很自然地也无法理解孩子的内心世界。自我理解的家长更有力量，有力量的家长更容易理解孩子！合理释放与互相理解，二者缺一不可！

1.2 家人之间互不认可变成了怒火

家人之间的关系是这个世界上最难处理好的关系。与家人相处的真实样子，才是自己的全然之镜。

处理好和家人的关系，不一定会获得外部成就，但一定可以为获得的成就加分。在各种大项目合作中，其中一个心照不宣的考察合作方的方式便是默默地考察对方与家人的相处模式。接下来，让我们走进冰冰夫妇的故事。

冰冰的孩子最近的表现糟糕透了，她每天至少接到两次老师打来的电话，她的孩子不是跟同学打架，就是没完成作业。这让冰冰夫妻俩苦不堪言，尤其是冰冰的丈夫，几乎每天都会火冒三丈。

经过了解，冰冰孩子的一系列行为是因为吸收了家庭的"火药味"。他们家的日常是这样的：丈夫当着爷爷奶奶的面指责妻子；妻子当着孩子的面责怪丈夫；爷爷心情不好了便对儿子儿媳黑脸；奶奶心情不好了便盯着孙子骂。孩子在这样的环境中成长，性格能不出问题吗?他"学会"了长辈间的互不认可:不认可父母、不认可老师、不认可同学……于是,孩子的学习成绩越来越差,人际关系越来越糟。中年夫妻是一个家庭里的主体,只有主体关系得到和解,整个家庭的氛围才会转变。我决定从他们的夫妻关系入手来帮助他们解决问题。

冰冰一边流泪一边诉说:"我觉得内心非常委屈,结婚的时候没有彩礼、没有婚纱、没有项链与戒指,只办了几桌简单酒席。公公婆婆一直认为来自农村的我高攀了他们家的儿子,若不是奉子成婚,我都不确定丈夫是否会娶自己。婆婆又喜欢干涉我们的事,小到孩子穿衣服,大到家里的生意,她都要管。我教小孩她也要掺和。我对小孩严厉了,她说我脾气不好;小孩被老师批评了,她说是我惯的。我真的快要崩溃了,不知道究竟怎么做才是对的。而丈夫从来不从中调解,还要责怪我心眼小。"

而冰冰的丈夫在另一个房间里表达的是:"这些年,饭是老人做,家务是老人做,老人还把县城的房子卖掉给我们小家庭付深圳的房款。我虽然不算大富大贵,但在这个城市能置办家业,这让多少人羡慕呀!为什么我妻子就不知足呢?那个年代的老人不就是啰唆一点吗,为啥不能让一下?那次差点把我爸妈气回老家了!他们如果真回老家,只能住农村的老瓦房,这让我的良心往哪儿搁?"

进行到第二轮咨询的时候,我让他们说说对方的优点以及自己的需求。冰冰说:"他聪明、会挣钱、心肠好、管得住孩子。父母这个年纪,各种习惯肯定改不了,我能包容。但希望他尊重我,可以对我好好说话。"

冰冰的丈夫说:"她为人善良、性格开朗、工作上进,不好吃懒做。希望她不要那么小心眼,我如果不爱她,干吗选她当女主人?!"

我又让他们都大胆想象一下,换个伴侣会不会更好。他们都悄悄地笑着摇头。

开始第三轮咨询时,我让他们坐在了一起,进行"心声重现":我让助理代表他们,将各自的心声传达给对方听。为什么要让助理代表呢?因为越是熟悉的人,在表达的时候越容易掺杂情绪,其真实意思容易被扭曲。这个环节之后,他们的情绪明显缓和了许多。我趁热打铁,让他们看到家庭情绪对孩子的影响,然后给他们开了"方子"——认可家人是家庭和谐的开始。

认可家人的学问可大了!人类有 99% 的心理问题,都是从不被认可开始的。因为每个人都是独立的个体,我们不可能按照每一位长辈、每一位老师、每一个伙伴所认可的价值观去生活,于是人与人之间的冲突便发生了。正因为家人相处的时间是最多的,这种冲突便体现得更为明显。我们一般会选择隐忍或者反抗,而不会选择百分百顺从。

在产生冲突时,他人会用情绪、语言来攻击我们,使我们伤痕累累。说到底，每个人的心里可能都会有一道道伤疤。而这种相处模式则成了我们生活的一部分，我们渐渐地长大了，不晓得从何时起，也变成了只认可自己价值观的"暴君"。

与此同时，家人与家人之间的价值观争斗，就变成了心灵世界的血雨腥风。在这场不被认可的"战争"里，我们每个人既是"战争"的发起者，又是"战争"的受害者。要平息这些"战争"，唯一的"武器"就是谈判。首先要与自己谈判，让自己的认知得到展开与扩大；接着，试着接纳不同的观点，看见对方的优点，然后达成合作；最后，智慧地发展对方的长处，希望对方哪一方面做得更好，就在这方面多夸对方。

我同样把"观想呼吸"的"按钮"送给了冰冰夫妇，意在让他们理解自己后再看见对方。接着，我教会他们夫妻俩之间要互相表扬，然后再一起表扬父母与鼓励孩子。许多的积极心理学课程，也不断强调正面鼓励对人生的重要意义。

现在他们家的饭桌上是这样的——丈夫夹菜给冰冰并表达："谢谢你把孩子教得这么好，孩子越来越懂事了！"又引导孩子给爷爷奶奶夹菜，并表达："爷爷奶奶不怕辛苦，特意做了你爱吃的菜。"冰冰也总是及时地将孩子的点滴进步分享给家人。做了这些改变，爷爷奶奶的笑容增多了，连孩子写作业都渐渐变得更专注了，冰冰也越来越少接到老师的电话了。

孩子的状况、家长的情绪、家庭的氛围,其实本为一体。无论是父母、孩子,还是自己或自己的另一半,一定有其自身的优点,如果发现不了,只能证明自己是挑剔型人格。若不自我纠正,去到哪个家庭都可能过得不好。若认为只是对方的问题,只有对方才需要学习,那么,只会使自己继续在烦恼里兜圈子。

想让家庭和顺,请多在自己的父母面前表扬自己的丈夫/妻子。若人人都明白这个道理并真诚地执行,相信这个世界将会减少很多婆媳矛盾及翁婿矛盾。如果把表扬外人的能力,用在真心表扬自己的家人上,家庭的和谐程度将会迅速升级。

1.3 浇灭因经济压力带来的怒火

阿光是我好朋友的丈夫,有段时间他的火气很大,一点小事都要吼孩子。每次骂完又很后悔,但下次却又继续,他的火气主要来自其创业债务与经济压力。

阿光出生于20世纪70年代,年轻时下定决心要出人头地,于是来到深圳奋斗。他最初的目标是在老家的城市买房,让孩子到城里读书。打拼五年后,阿光实现了这个目标。新的圈子让他有了新的目标:在深圳扎根,接孩子到深圳读书。历经辛酸终于圆梦,他不仅在深圳有了自己的小窝,还让孩子也成为一名深圳的中学生。

随着孩子的同学陆陆续续转到国际学校或者出国，他又动心了：让孩子进入更好的学校，接触更优质的人脉。为了给孩子交纳不菲的学费，阿光开始全面投资。这两年的生意并不好做，阿光亏得一塌糊涂，抵押了房子仍有不少的欠款。他常常崩溃，公司及家里都被负面情绪笼罩着，一片压抑。过了很久他才振作起来，还是一位经商的长辈把他唤醒的。

那天长辈家里办喜事，我们都去了。饭桌上，长辈邀请我给他们公司的员工上一堂心理减压课，阿光表示要一起参加。接着，他吐露了债务的困窘。听完他的叙述，长辈笑着告诉大家，自己的债务已达上千万元，压力是他的好几倍。我们都愣了一下，高压力的状态下不是应该眉头紧锁吗？长辈为何如此云淡风轻？阿光问："您是怎么做到如此镇定的？"

长辈干脆利索地回答："已经都这样了，能怎么办？难道自杀呀，那不是作孽吗？自己背不动的压力难道留给老人与孩子背？苦恼不是正事，好好拓展业务才是正事！真诚地跟债主沟通，脚踏实地地干！只要心中敢认，债早晚都能还上！"

阿光彻底清醒了，他开始直面承担，愿意接受一切结果。从变强大的那一刻起，他心中的火气就小了很多。他在家里时情绪不那么极端了，眼看着差一点抑郁的孩子，也重新变得快乐起来了！

经济压力某种程度上也是欲望过多带来的压力,好了还想要更好,有了还想要更多,永无止境。这是一个"欲望坑",多少人一辈子陷在"坑"里而不自知。在这个时代,人有手有脚就不会饿死,如果还有空间考虑面子,那说明事情还没有那么糟糕。没有生在炮火连天的时代,没有生在食不果腹的国家,我们就已经足够幸运了。

亲爱的家长,我再送你一个"我很富有"的"按钮"。当孩子闹腾让你烦躁的时候,可以启动这个"按钮",在心中对自己做暗示:孩子闹腾是福气,我很富有;做家务辛苦的时候可以启动这个"按钮",在心中对自己做暗示:做家务是高级健身,我很富有;被人误会的时候可以启动这个"按钮",在心中对自己做暗示:被误会能培养定力,我很富有;在绝望的时候可以启动这个"按钮",在心中对自己做暗示:我坚信一定会好起来的,我很富有。暗示的力量可以改变性格,可以撬动命运!所以,让我们使用坚定的、重复的正面暗示,做自己的引路人吧!

1.4 珍惜孩子吧!改掉盛气凌人的习惯

这是件真事:一位老奶奶的双胞胎孙子都是脑瘫,一个靠输流食活着,一个不能正常行走。有天在小区里,她听到两位妈妈历数孩子的种种不省心,忍不住说了句:"孩子能调皮多好啊!"两位妈妈听后都沉默了。

所以，请珍惜你的孩子吧！珍惜孩子给你带来的快乐与希望，对孩子的一些小状况没必要动怒，耐心教就行了！

这里我给大家分享一个化解亲子矛盾的小技巧：用"你怎么想呢"代替"我告诉你"。遇到不同意见的时候，应心平气和地问问孩子"你是怎么想的"来找到更合适的处理方式，而不要再延续过往的盛气凌人，吆喝着对孩子说"我告诉你，你必须按我说的做"，这样只会将事情矛盾化。

"你怎么想呢?"是拥抱的能量，是平等的磁场。"我告诉你!"是压制的能量，是不平等的磁场。哪里有压力，哪里就有反抗！反抗是人的本能，而诱因来自喜欢命令的一方。改掉野蛮地命令他人的行为习惯，家庭的怒火将会减少。

1.5 "平和教育"讲究平衡、循序渐进与合理释放

平和是各家庭、各团体、各种修心方式共同的目标。"平和教育"之所以带引号，是因为这里指的是过度的平和教育。记得有一次开课，现场有数百位家长。在讨论环节中，我们发现了两个令人惊讶的现象。

（1）说教成风——学习过家庭教育理论的家长，极其热心地对忍不住对孩子发了脾气的家长进行说教。内容大同小异：这样不行，你要学会管理负面情绪，否则会影响孩子的心理健康和自信心。

（2）内疚成魔——几乎所有的家长都有因没控制好负面情绪而吼了孩子，然后又内疚的经历。他们的想法大同小异：我非常担心因为我的负面情绪而让孩子心理不健康，可是无法自控。

这两个现象违反了情绪功能的完整性与自我和谐的体验性。喜怒哀惧是情绪功能的完整体现，缺少哪一个都不完整。如果按现在流行的家庭教育理论，将平和神化，家人都对孩子好好说话，学校老师不对孩子发脾气，误解、委屈等都被大人完美避开，那么，孩子走上社会后该如何生存？难不成，连续两个月没完成业绩，老板还要轻柔细语地跟他说："没关系啊，咱们下个月努力慢慢来。"看到这里，真不要笑，过度的平和教育只会养出"玻璃心"的孩子。

平和教育没错，缺少度的把握才有错。若孩子犯了错，不仅要严厉批评，还应让他学会承担后果。这里请记住，仅针对事情进行批评，而不要攻击人格或说脏话。并且要明确地向孩子表达：这么做是不会受欢迎的。请让孩子感受到：人人都会犯错，能及时改正便是好孩子。

平和与鼓励是孩子健康成长必不可少的元素，批评与否定也是孩子健康成长必不可少的元素，然而都不能过度。实际上，绝大部分的家长根本就不需要刻意地改变什么，孩子自然成长是最好的过程。过分粗暴，从不认可孩子的家庭才需要调整；过分平和，从不磨炼孩子的家庭才需要调理。

任何事情都有一个过程，孩子不可能一生下来就马上会走路，家长也不可能听一节课就改掉所有的坏脾气。若盲目地强压正常情绪，积压到爆发时将更加可怕。这便是自我和谐的体验性。修养还不够时，要允许自己与家人适当地释放出来。人体内有了毒素会自然排出，或起泡或长痘或发烧。内心有了"毒素"也需要排出，或怒吼或痛哭，这些都是排出"毒素"的方式。

无论是谁，修养如何好，性格多稳重，遇到真正触发负面情绪的事情，一样会生气。这才是人的本能，不要跟本能较劲。不信你回忆一下自己特别生气的那一刹那，是不是一切道理都被抛到九霄云外了，唯有将怒火发泄出来才痛快？人往往在发泄之后，更容易冷静下来与反省自己。

下面分享两个发泄怒火的小妙招。
（1）响出快撤：既然要表达不满，那么干脆就让声音洪亮一点，更痛快！但延续的时间不要太长，小心过量表达会吞噬掉你们的幸福。表达完以后，要立刻修复情绪，及时"撤回"，可以说："对不起，刚才没忍住。知道你也付出了很多，比如……那么，我们好好商量一下，还有什么更好的办法。"
（2）怒"啊"止言：发泄的时候可以握紧拳头，

紧闭眼睛，通过"啊"的发声，发泄自己的怒气。万万不可在这时口无遮拦，夸张抱怨。若讲了很多不理性的话，伤的只是爱你的人。记住，怒时多言伤恩亲，一"啊"就足够。怒"啊"止言后若还难受，可以去洗手间大哭，可以去空旷地高歌，也可以把拳打脚踢转换为用力拖地，还可以把怒火烧人转换为捶枕头……之后以轻音乐为背景开始静坐。在静坐的过程中，让烦躁的思绪渐渐平静下来，使自己在静坐时恢复看见爱的能力。理智回归，看见家人的好。如果时间允许，将静心过程中的详细感受记录下来。这个记录会是你未来的智慧导师。

让智慧性发泄超越破坏性发泄，向着平和缓缓前进。缓缓的能量有着强大的愈合能力。父母的急脾气是要慢慢改变的，孩子也是可以在父母的正面影响下慢慢进步的。应允许孩子慢慢来，允许自己慢慢改。

1.6　从怒火走向平和的必经之路

人类的大部分烦恼都源于欲望超过了现实，差距越大，烦恼越强烈。纵然人人都渴望成功或发财，可事实是90%的人可能一生平凡；纵然人人都渴望自己的孩子出人头地，可事实是90%的孩子可能普通。

接受自己平凡的事实，只管向上努力，别太为难自己；接受孩子平凡的事实，只管用心培养，不用过分焦虑；接受处境平凡的事实，只管享受当下，莫忧未来过去。把平凡的生活过好，才是最大的不平凡。将认知调整过来，再将本书的修心方法实践起来，心中的怒火很快便会被浇灭。

以下五个阶段，是从怒走向平和的必经之路。

第一阶段：看起来不错，试试吧。

第二阶段：确实是这样啊，愧疚加反省。

第三阶段：向内看，开始自我调整。

第四阶段：反弹时候的岔路口。
危险期，反弹后认为自己管理不了情绪，从此放弃。
机会期，虽然发了火，但频率降低了，并愿意实践下去。
这一阶段是迈向平和的关键阶段，在反复练习21次左右后，心情便逐渐平和。请做好浇灭怒火的简易记录，度过1次，就做1次记号。
比如：
5月2日，因为喊了3遍，孩子还不去洗澡，我没控制住自己，打了孩子。（×）
5月5日，因为孩子做作业三心二意，我没控制住自己，骂了孩子。（×）
5月8日，孩子故意把吃的东西扔在地上，我很想揍他，但最后选择出去走一圈消消气，回到家严厉地要

求孩子自己承担错误，自己清理现场，事后做了认真沟通，平稳度过。（✓）

坚持记录，你会发现自己发火日期的间隔越来越大，怒火的力度越来越弱。当有了连续 21 个"✓"的时候，你的心态已经逐步平和了。

第五阶段：可以很自然地管理自己的情绪。

特别提醒：负面情绪是生命的一部分，即便这个阶段已经调整好了，未来反弹也是正常的。万万不能因为反弹就放弃，只要能很快恢复，你的自控能力依然在进步！

第 2 章　孩子做事总是拖拖拉拉怎么办

2.1　你的催促可能会伤害天然慢性格的孩子

现在是信息满天飞的时代，好多讲师会在不了解背景的前提下，针对"拖拉"给出一个笼统的答案。在跟踪、分析、记录这个选题后，我发现家长如果盲目跟从从没经过实践验证的文章和讲座，反而会让慢性格的孩子变得越来越拖拉。

我接待过一个 26 岁的女孩的心理咨询，她非常自卑，属于天生的慢性格。由于特殊原因，她从小跟着奶奶长大。奶奶是个急性子，做什么事都不停地催，越催她越紧张。

在做事情慢的时候，奶奶便会不分青红皂白地骂她。为了不被奶奶骂，她快速地洗衣服，然而总感觉洗不干净，难受得不得了。她常常在夜里偷偷地哭，恨自己为什么这么笨。在学校时，由于她写字慢，黑板上的笔记总是抄不完，考试时很多题都来不及写。

她初中没读完就出来打工，找到了一份管理仓库的工作。在工厂，因为她做事细心而受到重用，总算过了几年不再恐惧的日子。然而好时光转瞬即逝，结婚后，老公也挖苦她做事慢手慢脚，使得她一进家门就很紧张。用洗衣机洗衣服，她又总觉得洗不干净，这使她再次回到了小时候那种难受的感觉。

这个女孩是典型的恐惧症＋强迫症，家人没有及时发现，反而让她再次受伤。

怎么判断孩子是天然慢性格呢？请本着高度负责的态度给孩子做测试，并认真系统地做好记录。千万别不经过测试，凭感觉便给孩子乱戴天然慢性格的"帽子"。测试要在无形中进行，间隔的时间至少两天，方法如下：

（1）马上有惊喜——诱导法。孩子开始做作业后，突然告诉孩子：姑姑打来电话，邀请你去看电影。不过离进场的时间只有一个小时了，如果要去，估计你会写不完作业，要不要让姑姑把票送给别人呢？（用特别喜欢的东西做诱导，时间设置比平常完成作业的时间略微缩短）

（2）今天怎么这么快——挖潜力法。在某个孩子穿衣服较顺利的早上，发自内心地夸赞：今天怎么这么快？是不是用了魔法？（真诚夸赞，挖掘出孩子的速度潜力）

以上测试记录 10 次，如果有 7 次以上孩子依然想快却快不起来，那么你的孩子就是天然慢性格或者有注意缺陷多动障碍。如果是这样的情况，家长就不能用传统的方式去催促慢性格的孩子，也不用因此着急、烦恼，更不能像案例中那位女孩的家人那般。

拥有天然慢性格的孩子没什么过错。对待天然慢性格孩子的践行方法，如要求孩子早上提前 30 分钟起床，放学回家先写作业，允许他吃饭比别人多花点时间；还可以对孩子做事情的时间进行记录，如孩子今天起床用了 30 分钟，明天起床用了 28 分钟，后天起床用了 26 分钟……

哪怕孩子做事情的速度比上一次只快了 1 分钟，家长也要给予鼓励！如果比上一次慢，请家长不要刻意安慰，此刻的安慰容易让孩子滋生惰性。这样孩子会认为做不好也没关系，然后轻易地放弃。恰到好处的自责能推动孩子前进，而这时候家长的安慰则容易消除正向自责。

当然，如果孩子内心已经很难受了，家长就不要再继续批评了。此刻，安静地陪伴孩子便是最正确的方法。接着，家长应耐心等待孩子下一次进步的来临，并及时给予肯定。如此坚持一年，天然慢性格孩子的效率可以提高 50% 左右。

如果爱迪生在发明灯泡时，有人在边上不停催促，使他万分紧张又心慌意乱，恐怕爱迪生很难把上千次的实验坚持下来吧。减少我们的唠叨，就从孩子写作业开始，尤其要减少对天然慢性格孩子的唠叨。

2.2　如何应对孩子成长中的拖拉行为

　　孩子在 3～5 岁时，拖拉主要表现在吃饭问题上，饿了要吃是人的本能。家长要给孩子的意识里装上"吃饭有规定时间"的程序，可以允许孩子吃饭的时间比成人多 20 分钟左右，但过了时间请家长笑着拿走碗筷，并坚持不给他吃任何零食。

　　孩子如果闹，家长不要被他的情绪影响，可以笑着转移孩子的注意力。有一次，我把小侄女的饭收走了，她扯着嗓子大哭。我用手机把她的哭声录了下来，放给她听，还故意讲："这是谁家孩子呀，哭的声音像百灵鸟，真动听。这孩子肯定长得特别美，还有漂亮的小辫子。可以帮阿姨扎个小辫子吗？"于是，这娃儿破涕为笑地去找小皮筋了。

　　一下午我带着小侄女玩各种游戏，就是不给她看见食物的机会，这小妞玩得不亦乐乎。回家以后，小侄女饿得自己抓桌子上的白米饭吃，那样子可爱极了。奶奶说，还是姑姑有办法，如果奶奶带，她会一直闹下去。我告诉奶奶，允许她闹，您就笑着陪在一边，孩子的负面情绪会过去的，等孩子冷静下来后再进行下一项活动即可。

6～11岁的孩子处在思维活跃期，心里装满了多彩的世界，此时我们不要用成人的时间去要求孩子的速度。在家长喊"快点、快点"时，说不定孩子的脑袋瓜还沉浸在绘本故事里，正在进行想象与创作呢。

家长应允许成长中的孩子天马行空地幻想。在孩子特别着急的时候，家长可以试着蹲下来注视着孩子的眼睛，把命令转化成商量，这招特别管用。

有一次，我家里的热水器坏了，全家人需要用锅烧水洗澡。水烧好以后，当时8岁的儿子怎么都不肯洗澡，一直盯着手中的书呵呵地笑。

我走过去看着他，笑着问："孩子，可以借用一下你的时间吗？"

孩子说："可以啊！"

我说："水如果凉了，妈妈得重新烧。我还有好多工作没完成呢，你可以先去洗澡吗？书，洗完澡后还可以再看。"

孩子说："好的。"

就这么简单，孩子愉快地配合了我的请求。"书，洗完澡后还可以再看"，这句话让他的心安定下来。

许多家长会对着孩子吼"快点"，可越吼孩子，他越不情愿。孩子表面行动快了，心里却积累了不满。比如一家人约好去公园，出发之前家长不停地催孩子。到了公园，孩子哪里还有好心情玩？他在公园的各种闹情绪就是在发泄出发前的不满。如此，丢了寻找快乐的初心，何必呢？家长若在孩子上学前拼命催，孩子亦容易产生紧张的情绪,这种紧张的情绪转化为不喜悦,孩子又会将自己不喜悦的情绪在同学面前释放出来,造成诸多不愉快。

在此,我与大家分享一个出门小妙招:提前准备 + 亲子竞赛。如果不提前准备,临出门时才慌慌张张地收拾东西,此时家长很容易将不满的情绪发泄到孩子身上。这是家长缺乏规划而造成的冲突,却让孩子承担,实在不应该。亲子竞赛示例:还有 20 分钟校车就要到了,家长和孩子比比谁收拾得又快又好,赢了可以选择一种美食或者娱乐项目。家长要在幽默中激发孩子的好胜心,而不是在慌乱中破坏出发时的心情。

早上起床时,家长应允许孩子发一小会儿呆,这是生理苏醒的过程,也是成长中的自然规律。很多大人也是如此,如果不是要上班,也不愿意早起。所以,家长要平静地看待"起床气",把时间留得充裕一些,给孩子一个渐渐清醒的空间。

当然,早睡早起也很重要,所以家长一定要制作作息表并严格执行。在上学前一天晚上,家长督促孩子准备好衣服和学习用品,避免第二天清晨因慌乱而带来不必要的麻烦。每个成长中的孩子都需要父母不间断的督促,这是智慧的提醒而不是唠叨不休。

家长首先要整理好自己的清晨心情,再引领孩子。一日之计在于晨,饱满的清晨可以使人愉快一整天。记得有一次,我的孩子睡得比较沉,我故意坐在他床边咯咯傻笑，睡眼惺忪的孩子问："老妈，你笑什么？"我笑着说："刚才梦见你在打一只大老虎，那老虎威猛雄壮……"孩子很快清醒，并绘声绘色地为这个梦添加续集。愉快地交谈后，孩子刷牙洗脸的速度格外快，这便是一个完成苏醒的过程。

2.3 拖拉的行为不可能被彻底消除掉

这些年的实践让我看到一个事实——大部分人都会有拖拉的行为，只是程度不同而已，拖拉的行为是不可能被彻底消除掉的。

不信你回想一下，自己是不是也存在很多拖拉的行为？说好的要给家里做个大扫除，你拖了几天啦？说好的两天内出方案，这都一个星期了，你怎么还没做出来呢？

我们平常做事拖拉，在考试或者与大客户见面等重要时刻就不拖拉了。孩子亦然，平常做事拖拉，但学校组织旅游活动时却异常迅速。关于拖拉的行为，一般人都具备处理的分寸与平衡的能力，丢失了分寸以及失控严重的拖拉习惯和行为才需要干涉。

我们应该接纳偶尔的拖拉行为，它是一种短暂的休息，可以积蓄更多的力量。调整一般性的拖拉习惯最有效果的办法就是"吃亏"与"表扬"。比如，拖拉的行为导致孩子迟到并被惩罚打扫一个星期厕所，下次他会出自本能地避免。

多表扬孩子做事又快又好，被表扬魔力引领的孩子，效率会越来越高。既然拖拉的行为没什么大不了，家长就不要再为一点小小的拖拉行为而否定孩子。你越否定，他不是越拖拉吗？

2.4 改变环境，减少孩子的拖拉行为

2.4.1 家长懒散造成孩子的拖拉行为

如果家长在家里的行为是：饭后半天才收拾桌子；碗留到下一顿才洗；衣服好几天才洗一次；答应第二天带孩子出去看电影，却一天推一天……那么，无形中，孩子也会染上家长拖拉的习惯。孩子是家长的一面镜子，在"今日事今日毕"的环境里，孩子的拖拉行为不会太严重。

写到这里着实惭愧，因为我之前便是不好的榜样。30多岁的人了，不会做饭，不会搞卫生，积压的家务总是等着父母处理。从2019年开始，我才下定决心改变。我首先把当日要做的事情一一列在纸上，一式三份，一张贴在厨房的明显位置，一张贴在客厅茶几上，另一张贴在卧室的床头。无论是坐着还是躺着，那些没做完的

事情总是出现在视野中,我便不得不起身干活。

这一起身不得了,越干越欢喜,根本停不下来。擦完油烟机了还想擦锅灶,擦完锅灶了又想整理阳台。整个人就像装了自动马达,一鼓作气把家里整得窗明几净。我的小小挑战使家里多了几分温馨,全家人的心情都变得特别好。

我把这个过程分享给了孩子们,他们参照我的方法,把学习任务贴在床头和平板电脑上。果然,在视觉提醒下,孩子们也体验到了"事情做了才轻松"的美好。我家还在读初中的孩子还给叔叔阿姨们提了个小小建议:当感觉到那张提醒的纸条不起作用的时候,就换一种字体或者颜色。

如今虽然没有纸条提醒了,但碗多放一会儿不洗,衣服多放一天不收,我竟然不习惯了,一定要做完了内心才舒坦。我认为,做个"此时事此时了"的家长,把正在进行的事情做好,就是了不起的人。

遵守了"今日事今日毕"以来,我的工作效率也大幅度提高。以前对亲友的关心总是不能及时表达,如今表达爱也尽量不拖延。那些不好意思对父母讲的肉麻话,如今通过微信随时表达出来,让他们的心情越来越好,心态也越来越棒。

2.4.2　家长陪孩子时三心二意

家长在陪孩子时，要是不停地刷小视频或者翻看朋友圈，孩子就会全盘接收家长的三心二意，当然也变得越来越拖拉。我亲眼见过一个好朋友在家给女儿听写，她一边念一边在玩手机闲聊，孩子每写完一个字都要提醒她：妈妈下一个了。提醒多了孩子有些不耐烦，语气变得有点冲，妈妈立刻火冒三丈，一通批评，最后徒留孩子一个在课桌旁抹泪。

又过去了半个多小时，孩子的作业几乎原地踏步。接着，妈妈开始抱怨孩子做什么都拖——拖——拖——，一个"拖"字被她用得音调扬起。等她宣泄得差不多了，我与她进行了一番认真的交谈。

冷静之后的她再回看，终于发现是自己的三心二意导致了孩子的拖拉行为，也导致了自己的满腔怒气。于是，她诚恳地跟女儿道了歉。孩子的委屈感消散了，注意力重新回到了作业上，很快便高效地完成了作业。

后来有一次这孩子到我家来玩，我陪着她打羽毛球，没打几局就接到了她妈妈的电话，她妈妈需要我帮忙紧急修改一篇稿子。我的回复是：对不起，这一个小时属于孩子们。那天打完羽毛球之后我跟孩子们聊了很久，这孩子对我说："阿姨，我也要向您学习，做一件事情就认真对待这件事情。"我摸了摸孩子的头，为她点了个赞。

2.4.3 家长忽略了当下而导致孩子的拖拉行为

比如，老早就计划好的一次户外烧烤，到了场地却不好好享受烧烤带来的乐趣，而是为了明天的图书馆之行而分心。终于来到了图书馆却不好好享受阅读的快乐，而是为了后天的培训而焦虑。

如此，真正陪伴孩子的不是家长，而是一个叫"为未来焦虑"的家伙。孩子接受了家长的"言传身教"，使他在上课的时候想着下课，下课的时候想着放学，打篮球的时候想骑自行车。这种情况下孩子做事的效率不可能高，也就产生了更多的拖拉行为。

过去的再也回不去了，未来的还没来，当下才是最宝贵的时刻，每个当下都是昨天的未来。家长应认真地对待每个当下，这样孩子也能养成做事高效的习惯。

2.5 家庭教育讲师的女儿也有拖拉的习惯

恩恩是一名家庭教育讲师，这几年帮助了不少濒临崩溃的家庭，可是却忽略了自己的女儿。在孩子最需要陪伴的时候，她在忙工作。由于孩子的学习成绩一落千丈，老师已经与恩恩沟通了好几次。

如果自己的孩子仍然表现糟糕,她又哪里有底气再给别人讲家庭教育?经过几天的闭关冷静,她决心放下一部分工作,用心帮助孩子建立良好的习惯。

为了能按时下班,她把胡思乱想的时间都用来干工作。这样,回家后不仅能督促孩子写一个小时的作业,还能进行半小时的亲子阅读。孩子写作业,她抄《心经》;孩子读书,她也读书。恩恩陪女儿写作业还有个要求,就是不允许一边写一边问,要把会做的先做完,不会做的试着突破,实在突破不了的最后再讲解。

刚开始恩恩也觉得很难做到,未曾想做了以后心反而静了下来,不仅帮助孩子建立了好习惯,自己的注意力也得到了提升。如此一来,在相应的场域,打造出相应的习性。而场域由家长的心境来创造,场域设定对了,孩子做事的效率也就高了。

2.6 家长通过异地视频陪孩子战胜了拖拉的习惯

丹的孩子是留守儿童,跟丹的姐姐一起生活。丹的姐姐根本管不了这孩子,孩子的作业往往拖到晚上11点多才完成,有时甚至不写作业,后来孩子连老师的话也听不进去了。

要让丹回家陪孩子并不现实,离婚多年,前夫早就联系不上了,她若不工作哪有钱来抚养孩子?丹面临的困难不是一般的大,但想到孩子的一生更为重要,她决定做一个不低头的母亲。丹首先亲自回家一趟,心平气和地与孩子沟通,然后买了远程摄像头装在孩子的书桌旁,并说明这是为了陪伴而不是为了监督。

丹把工作调成了早班,晚上七点到八点半远程陪伴孩子。孩子表示不愿意写作业,丹说,妈妈陪你一起写。于是,丹买了一样的教科书,这个勇气让她自己都惊叹。(不建议其他家长也这样做,丹的情况很特殊)

孩子被妈妈感动了,开始主动学习,学习成绩从倒数提升到中等。丹常对孩子说:"咱们进步一分是一分,总比一直不动要好!"在陪伴了一段时间以后,丹的大脑里多了一些美好的诗词,少了七大姑八大姨的琐碎。潜力的属性是无限的,一旦爆发就如同小太阳,照亮了自己也指引了孩子。

2.7 四个孩子的妈妈陪孩子战胜了拖拉的习惯

再分享一个了不起的妈妈的故事:她有四个孩子,老大 11 岁、老二 8 岁、老三老四是一对 3 岁的双胞胎。之前,她的日子过得一地鸡毛,家里每天都热闹得像大剧院。

她来咨询的时候非常抓狂,因为老大老二的学习习惯很不好。我引领她看见孩子们长大后的幸福,于是她的能量被激活了,知道付出是值得的!

那天回去以后,她便立刻开始了行动。首先,她给婆婆买了一套新衣服,等孩子们睡了以后,就跟婆婆聊了"习惯造福孩子一生"的重要性。于是婆媳同心协力,帮助孩子们建立好习惯。她和婆婆每天中午顺便煮上晚上的饭,下午抽空把菜炖好,晚上把饭菜热一下便可以吃了。这样,大家晚上吃饭快了很多。

饭后,婆婆带着一对双胞胎出去玩一两个小时,而她陪伴两个大孩子写作业。在这个过程中,她体验到了做学生的不容易,于是对孩子多了几分耐心与体贴,两个孩子的学习习惯渐渐好起来了!再后来,学校办了课后托管,他们家就更轻松了。

需要说明的是,这几个故事并非鼓励家长要陪孩子写作业。亲子之间也需要有清晰的边界,写作业是孩子的事。如果孩子的坏习惯已经到了必须拯救的时候,那么家长恰当地帮助孩子便能使孩子更好地成长。一旦孩子养成了好的习惯,这些好习惯就自然而然地成了孩子生活的一部分,这时候家长就可以轻轻退出了。

2.8 好状态、好方法让孩子做事不再拖拉

本书用了大量篇幅教家长科学释放压力与修心,这便是在帮助你调整状态。有了好的状态才能做好事情。

晓晓有两个哥哥,她从出生便被全家人宠着,快10周岁了起床气依然很大。早上很难喊起床,起了床又坐在那儿发呆,发完呆了开始满屋子找东西:书不见了,红领巾不见了,礼服不见了,白色鞋子不见了。手表呢?皮筋呢?梳子呢?水杯呢?……最初,晓晓的爸爸妈妈不懂如何调整状态,受不了的时候,免不了对晓晓一阵狂吼,最终晓晓气嘟嘟地上学去了。

晓晓的爸爸妈妈想不通,为什么同一对父母生出来的孩子会有不同的性格?两个哥哥从小学二年级便自己起床,房间也收拾得整整齐齐。我陪他们理清楚三个孩子成长的背景后,找到了原因:
(1) 哥哥们从小就被爸爸妈妈严格要求;
(2) 妹妹从小就随着她高兴想做什么做什么;
(3) 爸爸妈妈在生活中也不善于收拾;
(4) 没有养成提前做准备的习惯;
(5) 行动前预留的时间不够充分。

于是晓晓的爸爸妈妈跟晓晓认真地谈了一次,告诉她这样下去会吃苦头的,同时也告诉晓晓,愿意陪她养成好习惯!我帮他们家设定了一个名为"旅游"的小游戏:家长把全国的省市区名写在一张纸上,若孩子早上能在15分钟之内收拾好,就可以由家长签字到达下一个"地点"。只要把这张纸上的全部省市区"走"完,家长便可以满足孩子一个合理的小心愿。此外,还设定了一些具体的操作:
(1) 晚上9点必须上床睡觉;
(2) 睡觉前把第二天要用的学习用品和衣服收

拾好；

(3) 早上起床定的闹钟比往常提前 15 分钟；

(4) 家长保持愉快的心情唤醒她；

(5) 每天坚持互相说——我爱你！

就拿那天早上讲，闹钟响了晓晓依然不想起，妈妈保持愉快的声调叫醒她。在晓晓慢慢清醒的时候，挠挠她的痒痒，告诉她还可以再撒娇 3 分钟。接着，晓晓高高兴兴地起床了，又迅速完成了换衣、洗漱。

全部准备好以后，离校车到达的时间还有十几分钟，于是她们娘俩各自捧起一本书看了起来。晓晓尝到了做事高效的甜头，不仅能省出时间来玩，还能让心情愉快，现在她已经习惯了做事不拖拉。

在这个案例里，家长的良好状态起到了关键作用。家长也比往常提前了 10 多分钟醒来，用 5 分钟辗转一下，再用 5 分钟做深呼吸，将美好的感觉吸进身体。心情愉悦的家长能培养出心情愉悦的孩子，心情愉悦的孩子做起事来会麻利许多。

2.9　战胜拖拉的习惯还有这么多妙招

2.9.1　尝到珍惜时间的甜处

渴望获得是人的本能，在收获的同时更能激发行动力。无论做事多磨蹭的孩子也有不磨蹭的时候，我们要耐心等待它的出现，然后进行鼓励。比如，在一段时间里，孩子作业写得又快又好，可以给孩子办个"收获高效率"的庆祝会。准备蛋糕、鲜花、舞台，并邀请他的好朋友参加。孩子既能得到祝福，又能上台分享喜悦，自信与效率可以得到双重提升。（温馨提示：庆祝会大约半年一次，不宜太频繁）

家长还可以奖励孩子期待已久的礼物或者去向往之地的旅游，既能让孩子增长见识又能促进效率的提升。在外工作的家长则可以远程布置，一块红毯、一束鲜花与气球，再喊上孩子的几个好朋友便可以开始，而家长通过视频也可以给孩子送上祝福。

2.9.2 强化时间观念，让孩子看到做事有效率的意义

大部分孩子不明白时间的重要性，更不清楚耽搁的代价，因此做事总爱拖拖拉拉。我们对10个孩子做了一个测验。其中，5个孩子接受了为期2个月的传统教育法：家长用耳熟能详的道理进行磨耳朵，比如时间很宝贵、一寸光阴一寸金、珍惜时间就是珍惜生命等。

另外5个孩子则接受了为期2个月的真事警醒法教育。这段时间里，他们会经常听到关于珍惜时间的真人真事。比如，有个学生奋斗了12年，却因习惯性磨蹭而耽误了进考场，太可惜了。又比如，隔壁县有个年轻人从小就重视时间，做事又快又好，25岁便开了一家大

公司。再比如，某公司有个年轻姑娘，好不容易升职了并拿到梦寐以求的高薪，可惜没多久便被开除了。原因是她迟交了一个重要方案，导致大客户取消了与该公司多年的合作，给公司造成了巨大损失。这个姑娘丢了工作，因而也拿不出钱给爷爷治病了。

2个月后发现，接受磨耳朵教育的孩子依然磨蹭，而接受真事警醒法教育的5个孩子，做事的效率明显提高了很多。第一种方式属于植入式学习，也叫被动式学习，孩子往往耳听心不留。第二种方式属于吸引式学习，也叫主动式学习。这种方式没有刻意的说教，而是通过聊天，吸引孩子主动关注并进行思考；通过讲述别人的事件强化时间的意义，激发孩子提升做事的效率。

2.9.3 教孩子掌握做事的过程及方法

记得小时候跟哥哥比赛捡红薯，我怎么都捡不过哥哥。爸爸摸了摸我的头说："傻妞，你看哥哥两只手同时捡，你用一只手捡，怎么赶得上他？"从那以后，做事情前我都会想如何使效率最大化。

无论做什么事情，掌握正确的方法便能事半功倍。教会孩子基本的生活技能与学习方法，是父母应尽的义务。比如，整理书包、整理房间、洗衣服的方式，都需要父母耐心教导。

当很多事务交织在一起，不知道先做哪一件的时候，可以教孩子使用四象限原则。比如，提交考试资料又重要又紧急，就把这件事放在第一位；完成活动主持稿重要但不紧急，可放在第二位；帮同学买作业本紧急但不重要，可放在第三位；缝小沙包锻炼手工，不紧急也不重要，可以放在最后。此外，还可以根据孩子的不同年龄，用图像或文字制作事务表，完成一件标注一件。

2.9.4　速度训练

将不同颜色的豆子混在一起，全家比赛捡豆子，获得好成绩者能兑换奖励，最慢者则需承担某项家务一段时间。长期做这项训练可以锻炼人的灵敏度。

2.9.5　思维训练

成语接龙、古诗词接龙、外语单词接龙、数学公式接龙，都可以纳入家庭的长期训练活动。

大脑越锻炼越灵活，而大脑又是神经系统与动作反应的指挥官。所以，经常做一些思维训练，不仅能避免拖延，还能提高孩子的思维能力。

在本章的结尾，我们分享一位家长的来信。

张凤老师：

您好！

我是一名普普通通的初中班主任，教学能力自认为还算可以，也得到了家长和领导的认可。

可是面临自己孩子做事拖拉的问题却一筹莫展，该看的书都看了，该尝试的方法也尝试了，然而难以落地。为此也引发了家庭矛盾，还被婆婆嘲笑："做的什么老师？自己的孩子都教不好！"

在弟妹的引荐下，去年，我有幸看了老师您写的文章《拖拉》，说它是宝典毫不为过。因为困扰了我许久的问题，在这里找到了答案。从来没有见过这么实用的家庭教育指导方法，我只需要跟着一步步落实即可。

写到这里，我的眼眶已经饱含了感激的泪水，因为我的家庭收获了美丽的结果。孩子夸我越来越温柔，丈夫也在公婆面前为我点赞，最激动的是孩子已经基本战胜了拖拉的坏习惯。

现在的老师压力都很大，内心积压了很多负面情绪。之前靠自己调整心态，特别辛苦且效果甚微。看了您的《浇灭火焰》一文才恍然大悟，原来愤怒也是生命的一部分。

您写的每一章、每一段文字都让我受益无穷，这里就不一一累述了。感谢老师，我一定会向身边的亲友倾心推荐。

第3章 孩子对手机上瘾,到底该怎么办

3.1 电子设备也有成就孩子的一面

电子设备是一把双刃剑,先看看它有意义的一面吧。首先,电子设备方便了孩子们的学习,如线上作业、查找资料、题目解析等。其次,电子设备帮助孩子们增长见识、扩展视野、体验社会等。

疫情席卷而来的时候,多亏了线上课堂,孩子们才有停课不停学的机会。而各类电子游戏还承载了孩子们的一部分快乐,使他们在游戏中释放压力、在游戏中欢笑、在游戏中获得满足。

也有人因打游戏而改变了命运,虽然概率非常低。如白手起家的林奇,便靠设计游戏就登上了胡润富豪榜。当年他是别人眼里的"坏孩子",因痴迷游戏,他的学习成绩并不好。读高中后,他意识到了基础知识对一生的重要性,终于开始主动学习。

成年后的林奇经历了两次创业失败，感受到现实之残酷。最后，扶他站起来的是所学过的知识。他把爱玩的游戏与爱看的小说做了完美结合，研发出了爆红网络的武侠游戏，如《三十六计》《一代宗师》《少年三国志》等。2016 年，其公司净利润达到 5.85 亿元。

林奇的成功并非偶然，他成功的背后是一颗热爱学习的心。除了爱打游戏他也爱读书：历史典籍、现代诗歌、现代文学，都可以信手拈来。这足以说明，游戏与学习是有互通性的。

我的一个好朋友 Serena 校长，他的团队跟剑桥大学合作了 3D 打印机项目。少年们打印出了 3D 玩具及配件，有的已经上市售卖。把玩游戏的时间用来创作，不但有趣，还能让孩子学会用编程的逻辑进行思考，培养孩子的创造力。

游戏虽然不是洪水猛兽，然而严重上瘾也很可怕，甚至会危害生命。一名 14 岁中学生，在假期因长时间玩电脑游戏不吃不喝，结果猝死在电脑桌前；17 岁小伙因沉迷某多人在线战术竞技游戏而诱发脑梗，被紧急送到医院抢救；一名 16 岁男孩因长时间玩某网络游戏不休息而死亡。

2019 年，世界卫生组织在第 72 届世界卫生大会上通过了《国际疾病分类第 11 次修订本》，首次将称为"游戏障碍"电子游戏上瘾行为列为疾病。现在，很多学校已禁止学生带手机进校。过度玩电子游戏不仅会造成近视、耳鸣、脊柱侧弯等，还会导致意识恍惚、意志减弱、社交功能降低、学习兴趣下降等。有些不健康的电子游戏甚至会影响孩子的价值观，使孩子的行为变得极端、暴力，情感麻木。

我们接待过很多咨询，不少家长总讲："我也没办法，不给他手机，就一直闹。"扪心自问，到底是谁造成了这样的结果？在孩子小的时候，有些妈妈为了图清静而由着孩子玩手机，等发现孩子对手机上瘾了又发脾气责怪，脾气发完了继续听之任之。有些爸爸，有时间喝酒划拳，但没时间帮家人分担管教孩子的责任，更别提抽空陪家人走近大自然了！

让孩子沉迷手机游戏的罪魁祸首是家长的互相指责，家长越指责对方，孩子的手机瘾会越大。只有真正地下定决心，全家齐心协力并互相鼓励，才是让孩子戒掉手机瘾的最有效的办法！

时代在进步，我们阻挡不了电子游戏的浪潮。好的游戏本身没问题，不管控游戏的内容与玩游戏的时间才会出问题！值得欣慰的是，社会对电子游戏的管控在不断完善。相信不久的将来，电子游戏会走上健康之路。

3.2　戒掉手机瘾的具体方法

我曾经对两种类型的家庭做过记录。

A 类家庭：家长发现孩子玩电子游戏就一顿怒吼。接着，孩子心不甘情不愿地交出手机，然而他下次拿到手机还会继续玩游戏。

B 类家庭：孩子在非规定时间不允许碰手机，网上作业在家长的合理监督下完成。周末，孩子在公开视线内可以玩电子游戏 40~60 分钟。

记录了一段时间，我们发现 B 类家庭的幸福指数明显超过 A 类家庭。

为什么 B 类家庭比 A 类家庭更幸福？因为 A 类家长属于意志力空缺与回避型人格，没有监管的意志力，所以放纵孩子的错误行为。回避型人格，指的是家长把时间都放在应酬或闲聊上，虚假忙碌的背后是回避孩子的内在成长。B 类家长则属于意志力人格与信心型人格。他们也一样会遇到各种各样的问题，但他们能乐观地面对并善于解决问题。值得注意的是，这两种类型的家长并非一成不变，即 A 类能转变成 B 类，B 类也能转变成 A 类。因此，通过调整内在信念，A、B 两种类型是可以互相转换的。

现在的孩子都非常聪明，善于跟家长斗智斗勇。对于手机这件事，他们见缝插针，眼尖手快，甚至破解手机的密码也根本不是问题。即使家长每天换手机密码，也挡不住他们的"千里眼"。这也可以证明，孩子们是有突破精神的，值得庆祝。

心态一转变，家长的心情便可以阳光起来！

这种心态，是为了化解家长的执念。比如家里的卫生，不会说今天打扫了以后永远都不再打扫了。对于孩子的贪玩，也没有一劳永逸的解决办法，只有如搞家里的卫生一样时时打扫，允许它来也允许它去，才符合自然规律。很多时候，让家长痛苦的不是问题有多严重，而是不允许问题的出现。

如果孩子用手机超出了约定时间，家长刚开始可以装作不知道。10～15分钟以后，家长可以故意问："游戏时间快结束了吧，准备朗读一会儿国学好吗？"孩子在心虚时刻，一般会很干脆地答应父母提出的建议。当然，不能一直让孩子心存侥幸。家长偶尔要故意发现一下，并进行适当的惩罚，使孩子对规则有敬畏之心。

下面再分享两个有趣的挑战。

（1）"寻双宝"——把手机藏起来，让孩子完成作业以后自己寻找。孩子按第1张纸条的提示内容找到第2张纸条，然后回答第2张纸条上的问题，如果正确，家长再告诉孩子第3张纸条的位置，根据情况以此类推。纸条上的内容可以是学过的古诗词、常用的数学公式，或者是需要巩固的英语单词。如此，既能将知识和快乐都揽入怀中，又能满足孩子探索与挑战的需求，还能收获亲子乐趣。

（2）"靠自己"——用体育锻炼及做家务来换取手机的使用权。我们可以把手机打印成照片，再把照片平均裁成 6～8 小块，每小块都写上一个编号，由家长收好。孩子运动半小时可以得到一小块，干一项指定的家务可以得到一小块，直到全部收集完整，即可获得一定时间的手机使用权。使用时间到了以后，手机需按时上交，每拖延 10 分钟就要扣掉一个编号，拖延 20 分钟则取消一次使用权。成年人的努力，通常是为了拥有更大的房子、更多的自由，那么，孩子为了得到自己想要的快乐，付出努力也是理所应当的。

3.3　孩子们给出的戒掉手机瘾的妙招

我调查过几百个孩子，问他们有什么好的办法可以让自己不再痴迷游戏？孩子们给出的方法五花八门又充满智慧，以下是他们的部分回答：

（1）找到更好玩的东西就不会想玩手机游戏了，比如划船与溜冰。

（2）爸妈实在不给手机玩游戏，就主动出去玩了。

（3）对父母吵闹也没有用，最后只好去打篮球了。

（4）我们喜欢约着去图书馆，可以看有趣的书，比玩手机游戏有意思多了。

（5）我原来游戏瘾很大，后来爸爸坚持带着我徒步，很多人给我们点赞。渐渐地，我喜欢徒步多于喜欢玩手机游戏了。

（6）我经常参加义工活动，当陌生的叔叔阿姨对我竖起大拇指的时候，我觉得很幸福，也不再想玩手机游戏了。

(7)最近我和表哥迷上了木工,我们捡来了废弃的家具,把它做成小凳子或者书柜,还在上面进行手绘装饰。这个事情让我们很着迷,而且爸爸和姨父也被我们影响了,和我们一起参与制作。做木工的时间多了,玩手机游戏的时间就少了。

(8)家里断了几天网络,我迷上了历史,每一个朝代的故事都深深吸引着我,不玩手机游戏也过得挺有意思。

(9)妈妈给我看了个视频:有个正在玩游戏的大哥哥,玩着玩着就突然中风了。那么年轻就要躺在床上不能动,太吓人了。虽然现在我还是会玩手机游戏,但一想到这个视频,就能管住自己不玩那么久了。

(10)我爸一揍我,我就能能坚持一段时间不玩手机游戏。(希望你和爸爸能找到其他更好的方式)

从孩子们的回答中不难发现,他们的父母还是花了很多心思的。这些家长几乎都运用了以下心理学方法:

(1)正向转移心理学——转移到乐趣更大、意义更美好的事情上。

(2)规则自由心理学——国有国法,家有家规,遵循规则才能获得更大的自由。

(3)价值自豪心理学——做对他人、对社会产生价值的事情,进而被赞美,从而促进人继续做这件事。

(4)沉浸创作产生幸福心流——沉浸在创作中的人,忘记周遭且能集中精力,从而产生幸福的心流,这也是一种静心的绝妙办法。

(5)引以为戒的本能驱动力——通过认识他人的教训,提醒自己规避,这是人类与生俱来的本能。

(6) 趋利避害心理学——渴望被认可，避开被惩罚。

试试这些可借鉴的方法，相信你家孩子也能戒掉手机瘾！

3.4 抢走孩子手中的手机与放任不管都不可行

关于手机瘾，有两种极端的方式是不可取的。一是强行切断型，即家长直接抢走孩子手中的手机，结果导致亲子关系越来越紧张；二是完全放纵型，放任孩子沉溺在手机游戏里。

因家长直接抢走孩子手机而带来的悲痛事件不少：某初中生沉迷手机游戏，被爸爸抢过手机并将手机扔下高楼，他当即跟着手机跳了下去，坠楼身亡……每当看到这样的新闻，都让人悲痛不已。

越是得不到的东西越要想方设法得到，这是人性之一。若身边同学都有手机，就你家孩子没有，他便会产生心理上的不平衡。与其这样，倒不如家长大大方方地把手机给孩子，在正确的监督下，在合理的时间内，适当地让孩子玩一些健康的游戏。

其实，手机并没有那么可怕，只要早期形成规矩，一般不会严重上瘾。万一上瘾，家长不要跟孩子硬碰硬即可。家长可以在适当的时候，使用前面建议的种种方法，引导孩子主动戒掉手机瘾。

通常发生极端情况，都是因为人的负面情绪在作怪，而不是手机；是都要犟赢对方的偏执作怪，而不是电子游戏。因此，在这里我要再三强调家长修心的重要性。

我们不建议7～16岁的孩子单独使用能上网的手机。如果一不小心点开了暴力网站或者黄色网站，后果不堪设想。我们接待过一个咨询，一个13岁的小男孩记住了妈妈的支付密码，竟然给网络主播打赏了2万多元。还有一个年仅14岁的女孩，经常模仿女主播的妖艳动作，奶奶根本管不住。后来她跟社会不良青年混在了一起，几天都不去学校，在外地务工的父母才知情。因此，家长将手机不限时间、不限空间地交给孩子，是非常不负责任的行为。

中央广播电视总台的一档纪录专题片《呵护明天》，从第一集《沉默的呐喊》开始，就讲述了被网聊毁掉的孩子们。13岁的女孩小莉在单独使用网上聊天工具时，有个叫"李丹"的同龄女孩加她好友，看到对方是女生，小莉就通过了好友验证。聊了几天后，她们成了无话不谈的朋友，李丹告诉小莉"女孩子可以和中年男人进行一种神秘的磨合仪式，让自己变得更漂亮"。"同龄人"的现身说法，让涉世未深的小莉深信不疑。在骗子的一步步诱惑下，小莉被带到一家宾馆受到了严重的伤害。

刚满10岁的女孩小雯也正被网聊带来的噩梦缠绕。一天，妈妈不经意间看到小雯电脑上满屏污秽的聊天记录，瞬间崩溃。有个昵称叫"美丽俏佳人"的12岁女孩，加了小雯的好友之后，经常给她发红包。两人熟悉一些后，对方给她发了几条淫秽视频，小雯看完很害怕，可对方马上威胁她："你看了这些视频，如果不照着我的要求做，我就把这件事情告诉你的父母。"小雯害怕自己的隐私被泄露，就按照对方的要求拍了裸体的淫秽视频发过去。妈妈报警后，警方迅速侦破案件，12岁的"美丽俏佳人"的真实身份竟是一个40多岁的修车店老板。

沉默的呐喊在呐喊什么？在呐喊家长们要保护孩子的身心健康。一些在父母眼中很乖巧的孩子，在与同龄人的交往中却无限放纵，有些甚至颠覆了我们的三观。而更让人心痛的是，他们的父母根本不相信，也不重视。因此，家长如果完全放任孩子玩手机，后悔都来不及。

此外，家长还要懂得灵活管理。比如，孩子正在进行的手机游戏还有十来分钟便结束了，此时可以允许他把这一局游戏打完。回忆我们小时候，看电视剧正看得起劲呢，妈妈突然把电视关了，还将我们臭骂一顿，那时候我们是什么心情呢？

除了灵活管理，家长还应当学会智慧转移。记得有一次儿子正在玩手机游戏，这时候我和女儿穿上一次性雨衣，拿着水枪，提着水桶来到他身边。儿子便有些心猿意马了，我立刻安抚道："莫急莫急，把这局打完，我们等你一起玩水枪大战。"十来分钟后，儿子果然放下了手机。做个有乐趣的家长，不仅能帮助孩子戒掉手机瘾，还能缓解生活中的压力。

3.5 爬了一次山后，孩子能合理使用手机了

有一年春节，堂哥的孩子一整天都盯着手机屏幕玩游戏。堂嫂不疼不痒地劝孩子："赶紧把手机收起来吧，差不多了。"孩子压根不理她。

后来，孩子的学习成绩严重下滑，还在上课时玩手机，被老师没收了两次。堂哥堂嫂实在没办法了，找我给他们支招。我给了他们如下建议：

（1）进行视觉冲击，让孩子看看因玩手机游戏上瘾而造成悲剧的视频。

（2）激发自我负责，看完那些悲痛事件后做选择，要不要戒掉手机瘾？如果要，就一起制定规则。

（3）给予正确认知，要理解制定规则不是剥夺自由，是因为信任与爱。

（4）制定合理的规则并严格执行。比如一旦违反规则，跑步一个小时或者去爬山，并由父亲陪同。

你们猜，结果怎么着？跑了两次步、爬了一次山，这孩子真的长记性了，再也没有在该做正事的时候玩手机游戏了。

3.6 哪些孩子容易对手机上瘾

手机瘾严重的孩子一般有以下几个特征：
（1）家长对孩子放任不管。
（2）家庭缺乏互动和乐趣。
（3）孩子在现实中得不到肯定。
（4）家长缺少威严，孩子缺少教养。
（5）孩子不懂生活的艰辛。
（6）孩子在现实中缺少朋友。
（7）孩子在青春期没得到正确的引导。
（8）孩子缺少体育锻炼。

既然特征已经呈现，咱们就来一一面对。家长首先要给孩子创造一个健康的环境：家庭成员要积极向上，不当着孩子的面播放无聊的小视频；在上网课的时候，孩子应戴上耳机并认认真真地做笔记。

接着，家长再按以下建议进行，便能基本控制住孩子的游戏瘾了：
（1）对游戏的内容与时间进行管理。
（2）组织一些家庭活动，训练家庭成员的幽默力，使家庭充满活力。
（3）改掉家人之间互相否定的习惯，否则孩子容易对生活产生厌倦，然后沉浸在手机游戏里麻痹自己。这几年我们接待的咨询里，抑郁的孩子与手机瘾严重的孩子，大部分都有一对喜欢相互埋怨的父母。

（4）制定的规则必须执行。家长在一怒之下制定了奖惩规则，但在气消后又不继续执行，将无法在孩子面前树立威信。

（5）要让孩子正视压力。很多家长不愿意告诉孩子家里的实际困难。有的父母常年在外打工，只为孩子能安心学习；有的父母倾尽全力，只为能让孩子上一个好的学校；有的父母表面看似光鲜，实则日夜难眠。但这一切，孩子并不知道。父母承担教育是必不可少的义务，但与孩子分享家庭的实际困难并不代表分享负能量。有压力才有动力，孩子主动学习了，手机瘾不就淡化了吗？很多成功的商人都会对孩子进行承担教育，他们会坦诚地交流所遇到的状况，同时向孩子展示面对困难的智慧。

（6）游戏连线满足了人的社交需求，因而孤独的孩子更容易上瘾。如果现实里有朋友，孩子对游戏的依赖便会少一些。若孩子缺乏朋友，家长可以帮助孩子寻找。比如做一些美食，邀请同学来家里品尝；又如带孩子及其同伴去野炊，协助孩子培养友谊。

（7）成年人迷恋主播一般是为了寻求刺激，而青少年迷恋主播则一般是因为好奇。在孩子生理和心理的加速发育期，家长要进行科学的指导。我们对一批初中生进行了匿名问卷调查，问题是：你是否在网络上搜索过生理知识的内容？75%左右的初中生明确表示搜索过。我们又对一批初中生的家长进行了匿名问卷调查，问题是：你是否跟孩子聊过生理知识？93%的家长表示没有。

家长应当以坦诚的态度向孩子讲述科学的生理知识，当孩子的好奇心得到满足以后，他们就不会在网络中盲目探索了。

（8）缺乏锻炼的孩子也容易玩游戏上瘾。人天生具有攻击性，所以人们创造了体育竞技。而缺少锻炼的孩子，由于攻击力无处发泄，一沾电子游戏就容易上瘾。因此，家长应鼓励孩子动起来，让他们把过多的多巴胺释放出来。

3.7　家长也要戒掉手机瘾

我们与一群对手机上瘾的孩子做过交流，一共32个孩子，其中有27个是因为家长爱玩手机才对手机上瘾的。37岁的李先生是个小企业主，太太漂亮能干，双胞胎儿子聪明可爱。他来找我们咨询是因为手机瘾，准确地说是女主播瘾。用李先生的话讲，曾经以为非常幼稚的事情，不知道怎么就发生在了自己身上。

一开始，李先生只是因无聊翻翻抖音，偶然发现某个女主播唱歌非常好听，于是打赏了礼物。女主播在直播间不断地向他表示感谢，他的虚荣心因此得到了极大的满足，鬼迷心窍似的连连打赏女主播。发展到后来，竟变成网恋，太太发现后要与他离婚。夫妻俩在其姐姐的劝说下来到了咨询室，在长达半年的家庭咨询中，历经了沟通、沟通失败、准备分开、再沟通，反反复复进行了好几轮才渐渐和解。

现在的人们，起床第一件事情便是拿起手机。有人拿起手机是为了赚钱，有人拿起手机是因为无聊、迷上主播、沉迷于网购、沉醉于垃圾视频，这些都导致了成年人的手机瘾。

严重上瘾的家长一般有以下几个特征：
（1）缺乏规划与目标。
（2）责任感和价值感偏低。
（3）兴趣爱好低俗肤浅。
（4）自控能力弱。
（5）缺乏独立思考的能力。

对于成年人来讲，戒掉手机瘾只需要下定一个决心：从现在开始，做个有目标、有规划的人，把每一天、每一月的任务用心完成。有效地忙碌是抵御手机瘾的强大武器。比如，用刷手机的时间来提高家人的生活水平；让自己的扎实奋斗成为晚辈学习的榜样；增强自己的实力成为被社会需要的人，成为家人的骄傲。

为人父母，应当有理性思考的能力，为孩子做榜样。比如，网购前先问一下自己，这东西是必需品吗？如果不是，就别耗费精力去浏览商品信息了。头脑冷静半分钟，手机瘾则减少半小时。家长要适当地远离手机，多做实际工作，能掌控手机的家长才能培养出能掌控手机的孩子！

第 4 章　有没有办法提升孩子写作业的质量

4.1　孩子写作业不认真的三个根源

对孩子不认真写作业这事，家长真心急不得，谁急谁就输了。家长要慢慢改掉火急火燎的旧习惯，养成沉着冷静的新习惯。俗话说，解铃还须系铃人，让我们来听听孩子们的心声吧。

问："你为什么不专心写作业呢?"
A 答："讨厌作业。讨厌爸妈催我写作业。"
B 答："我也想专心，但是做不到。"
C 答："我根本看不懂这些题目，就像看天书。"
D 答："在学校学习，回家还要学习，郁闷。"
E 答："看到那么多作业就心烦，不想写。"

综上所述，孩子们写作业不认真的三大根源也浮出了水面：
（1）想专注却做不到。
（2）学习基础没打牢。

(3）因觉得作业多而产生了恐惧感。

4.1.1 想专注却做不到

孩子为何无法专注呢？我们先来看看专注的真相。

不仅仅是孩子，大人一样很难做到长时间的专注。比如，我们在开会的时候会走神，在听讲座的时候会打瞌睡。既然大人也很难做到，那么让孩子彻底告别不专注就是一个伪命题。专注力需要渐渐提升，家长应当以身作则：洗碗时便认真洗碗，把碗当成宝贝一样地洗，不要一边洗碗一边想着杂七杂八的事情；扫地时便认真扫地，不要一边扫地一边觉得委屈；接孩子时便认真接孩子，不要一边接孩子一边对孩子絮絮叨叨。在专注环境里长大的孩子，自然会有专注的灵魂。

有些家长说，这不是我的原因，是他爸爸/妈妈影响了孩子。这是典型的推卸责任。孩子的专注力是很容易被家庭影响的，所有的家庭成员都有责任。互相推卸责任的家庭很容易养出不能承担责任的孩子。一个不能承担责任的孩子，专注点往往会放在该如何推卸责任上，哪里还会专注地去做一件事情。

牡丹有两个孩子，姐姐15岁，弟弟10岁。在姐姐小的时候，她与丈夫都还不成熟，经常当着孩子的面互相埋怨。遇到事情她便习惯性地讲：关我什么事？所以姐姐小时候的口头禅也是：关我什么事？

老二出生后，夫妻俩成稳了许多，遇到事情会习惯性地讲：抱歉，我也有责任。于是，弟弟的口头禅也是：抱歉，我也有责任。小家伙讲这几个字的时候，是那么的自然、那么的淡定，平静的小心灵做起事情来格外专注。

孩子迈向专注的动力，往往被家长"选择性看不见"夺走。通常家长会"选择性看不见"，比如，孩子之前每天都被老师批评，现在几天才被老师批评一次，这个进步家长看不到，却偏偏盯着孩子的过错使劲否定他。于孩子而言，反正努力了家长也看不到，干脆破罐子破摔。这时，家长的习惯性推卸又来了：怪孩子、怪老师、怪学校、怪社会，唯独不反省自己。

当孩子表现出专注时，家长要放大对他的肯定。若孩子经常不认真写作业，有一次却做得很棒，这个时候家长要创造表扬的机会。比如大力表扬孩子；又如给老师发信息，期待老师当众鼓励孩子。孩子心里美滋滋的，或许就会慢慢爱上做事专注。你可以问问那些做作业令家长省心的孩子，哪个不是得到过足够的肯定？孩子越被表扬越高兴，越高兴越愿意好好写。作业写好了就能被认可，所以更认真写，这是正向驱力。相反，若作业没写好要被批评，所以就认真写，这是负向驱力。家长用好正向驱力可以提高孩子的专注力。

家长的催促与责怪等于扼杀有注意缺陷多动障碍的孩子的天分。患有注意缺陷多动障碍的孩子很难做到专注，分心不是孩子的错。若发现孩子坐不住，影响了正常学习；严重分神，影响了正常作业；经常有攻击性行为，影响了正常社交。那么，家长应抓紧时间带孩子去正规医院做专业测试，不要耽误最佳治疗时间。情况轻微者不用吃药，给家长以正确的认知并对孩子做系列调整，可以达到接近正常注意力的状态。若情况严重务必遵医嘱用药，再配合系列调整。最好的治疗是：孩子科学用药＋父母修心＋亲子相爱＋家人耐心鼓励。有这种情况的孩子可以向老师申请作业减量，也可以在写作业时分阶段多次进行：收心的时候抓紧时间写，分心的时候缓一缓。这时，我们不能按常规要求来对待这些孩子，请做一个理性而慈爱的家长。

同时，这类型的孩子也有自己独特的天分，他们会特别专注自己喜欢的事物。世界游泳冠军菲尔普斯就患有注意缺陷多动障碍，据他妈妈说：没办法安静地坐着，也没办法集中注意力。还好家人没有放弃，发现了属于他的游泳天赋，并且把他的注意力引导到游泳上来。菲尔普斯在这项运动上得到了不断的鼓励和积极的强化，最终，取得了奥运金牌。家长要有广阔的心胸，万万不能以常规标准来打击孩子。家长具体应该怎么办？别急，在本书的后面还有一章特别介绍，教大家如何陪伴注意力容易分散的孩子。

4.1.2 学习基础没打牢

很多孩子因为学习基础没打牢而成了写作业困难户。无论是孩子本身的原因还是家长没教育好的原因，现在都不是讨论的重点了。重点是如何才能把孩子的基础补起来，至少补一点是一点。明知道孩子学习没打好基础，家长发火又能解决什么问题呢？何况孩子自己才是最难受的那个。请记住不要嫌弃孩子，你不嫌弃，他才有进步的希望。我们生在一个好年代，家长若有心，处处都有补习的机会：家教、网络、亲友、教辅书、网上下载资料等。家长与其发无效之怒，不如沉下心来帮助孩子打基础。

4.1.3 因觉得作业多而产生恐惧感

丫丫在小学期间成绩优异，常被老师表扬。上六年级时，有一次因觉得作业太多没完成，丫丫便假装肚子痛不上学。妈妈得知实情后批评丫丫说谎，老师也批评她做得不对。从此，丫丫再也没有认真学习过，当一天和尚撞一天钟地混到高中毕业。

如果妈妈懂得理解丫丫，发现后不要马上批评，而是教会她面对，比如对她说："每个人都有学习疲倦期，作业补上就好了。相信你很快就能恢复学习的动力。"丫丫很可能会走向另外一条路，可惜这世间没有如果。

丫丫那一次因觉得作业多而产生了恐惧感，所以做作业的速度变慢。第二天又因恐惧好学生的标签被撕掉，所以才说了谎。而大部分谎话的背后都是因为没有安全感。因此，父母给的安全感，是孩子面对困难的最大底气。请家长把你的力量传递给孩子吧！告诉他：作业多就是堆纸老虎，你一攻就破，做一点是一点，为完成的部分而感到幸福，莫被未完成的部分而吓倒。

4.2 我们对作业的五个错误认知

4.2.1 作业的意义

有人认为写作业没有什么意义，羡慕有些国家的学校不布置作业，更有人呼吁取消课后作业。这个问题在美国也研究了100多年，至今仍众说纷纭。在此，让我们听听各界人士的看法吧。

中学教师小陆：写作业是对知识的巩固，但可以形式多样，不是非要以文字的方式进行，实践应用、讨论、阅读之类也挺好。

公司职员大辰：在我们这边，低年级的孩子下午3点多就放学了，但他们要在托管班写作业，写到晚上6点多甚至更晚，感觉太累了。（此采访发生于2019年）

私企老板牛先生：现实情况就这样，我们只能适应。虽说给孩子减负，但是如果孩子不努力学习、不多做习题，成绩就不好；成绩不好就上不了好的高中和大学，所以就又回到起点——多做习题。

小学班主任阿艳：现在教学时间明显缩短，学生若要吃透基础知识，回家不巩固肯定不行。我们做老师的也为难，不布置或者少布置作业，孩子们成绩上不来，家长和学校都着急；布置作业多了，又有各种反对的声音。

家长小古：我们小时候，爸妈在田里干活，哪知道我们作业是什么？作业可以不写但一定要帮父母做饭，否则会挨揍。到了学校，作业没写又得挨手板。想想我们那时候真的难呀！大家都是见缝插针写作业，利用课间时间写作业。我看现在的孩子就是惯的。我妻子监督小孩写作业，监督了两年，孩子上三年级后，实在不会教了，就没理过啦。因不认真写作业而被老师罚抄了几次作业后，孩子自己知道错了，现在写作业都挺自觉的。

家长阿琪：不知道从什么时候起，作业竟然变成了家长的任务，真的是一个巨大的包袱。家长日常工作已经很辛苦了，半夜回到家，还得翻出孩子的作业签字，不然会被老师批评。作业有漏题、错题都怪家长，我们不敢怪老师，但内心真的委屈。检查作业为什么变成了家长的事情？难道其他人的家庭条件都很好，都不用工作可以专门陪孩子写作业？（此采访发生于2020年）

家长阿牧：我在孩子读一年级、二年级时，陪着他把作业高质量完成。孩子好习惯养成之后，家长就可以轻松很多了。我们家里是没有电视机的，孩子写作业时我就在边上看书，她有问题我再帮忙解答，没觉得是多麻烦的事。

看了上面的话，真心觉得家长们各有各的不容易。因此，希望家长与老师都多一分理解与善意，有想法可以坦诚沟通，千万不要站在自己的角度去评判对方。

例如，我接待过一个心理咨询客户，她的丈夫因工作常年不在家，自己也要上班。家里还有身体不好的老人与两个孩子，都需要她照顾。平时，她根本顾不上孩子们的作业，作业少写、漏写、错写是常态。有一次老师跟几个家长聊天，说这是什么样的人家啊，从来不管孩子吗？这话刚好被孩子听到，孩子再也不想去学校了。老师了解情况以后迅速向孩子道歉，这才抚平了孩子内心的伤。

另外，我还听好朋友讲过这么一件事情。年轻漂亮的小刘老师第一次做班主任，为了教好这一届学生，她很努力，也很用心。可小刘老师遇到了一帮强势又爱当"专家"的家长。他们时不时在群里指导小刘老师怎么布置作业、布置什么作业、应该怎样上课、应该怎样对待孩子。更尴尬的是，这几个"专家"的意见又不一致，都根据自己孩子的情况来提要求。她们今天到学校提个意见，明天又到班级提个想法。小刘老师险些崩溃，半年下来几乎老了两岁，最后她义无反顾地辞职了。这时，家长们又怪学校老师的流动性太大……

无论是学习问题还是作业问题，唯有家校同心，孩子们才有更好的未来。把专业的事情交给专业的人做，双方互相信任、互相理解、互相支持，这才是对孩子最好的帮助。谁也不应评判对方，因为谁也无法真实感受对方的生活环境。

再回到作业是否有意义这个问题上来，既然谈到中外教育的差异，那我们何不把视线拉得更长一些？中华文化是人类历史上唯一不中断地延续到今天的文化奇迹，这是不争的事实。在当代，中国奇迹也不断让世界震撼，如中国水稻、中国高铁、港珠澳大桥……

而创造这些奇迹的人正是被中华文化熏陶出来的！我们的民族历经了无数的苦难，靠着坚韧不拔的毅力以及绝不服输的精神，短短几十年成为世界第二大经济体。这足以说明我们的文化是强大的。而关于考试选拔，至少目前没有比它更好的筛选人才的办法。

在学习中培养耐心，在困难中获得不怕苦的力量，在考试中养成细致认真的习惯，在阅读中培养高雅的生活情趣，在成功与失败中磨炼一颗沉稳的心。这些不都是成功人士必备的素质吗？放在商业领域，这些素质也胜过臻宝。完成作业是一个学生的基本义务，一个人若对自己的基本义务都不履行，请问将来走上社会，如何对产品负责，对客户负责，对社会负责？布置作业是有必要的，重点是如何布置作业，布置什么作业。

4.2.2　作业的真正范围

不少人总以为作业就是语、数、英等文化课布置的功课，其实不然。户外运动是作业，让自己开心起来也可以是作业；做一顿美食是作业，帮助他人也可以是作业；做任何擅长的事情都可以算作业。

我有个侄子在普通学校读书读不进去，后来进入了军事化管理的学校，表现非常优秀。大海的鱼再努力也爬不了树，那就把游泳这一项作业做好吧。学不好主科但却是体育能手，那就把体育这一项作业做好吧！

小玲不爱主科但爱美术，她把美术作为主修作业，并且对这项作业非常认真。如今，她在大公司担任美术总指导。还有一些孩子没考上高中，读了职业学校，将技术学得炉火纯青，也成了技术能手。

4.2.3　作业不是敌人

为什么那么多孩子讨厌作业呢？背后的推手是不是家长？有些家长从孩子上学第一天起，就让孩子与作业对立起来：不好好写作业我就不喜欢你了，不好好写作业你就不能看电视，不好好写作业我就不给你吃零食……这些话熟不熟悉？

认真完成作业，孩子可以从中获得知识，这明明是帮助孩子的"贵人"不是吗？所以，家长应帮助孩子消除对作业的敌意，让正向驱动力引领孩子与作业和解。

4.2.4 陪伴与独立不矛盾

有的家长担心陪孩子写作业,孩子会缺乏独立精神。其实,合理的陪伴能帮助孩子更早地独立。若没有他人督促,有些大人还管不住自己呢,更何况是一个正处于成长中的孩子。在习惯没养好之前便放手,孩子的学习基础只会越来越差,家长以后费的心也只会越来越多。

我们可以把陪伴分为三个阶段。

(1) 完全陪伴阶段。
对于年龄还小以及学习基础薄弱的孩子,写作业时需要家长完全陪伴。家长可以先陪孩子厘清写作业的框架,然后由孩子自己写。等孩子把会写的写完以后,家长再帮忙解答疑难题目。不要养成写一题问一题的坏习惯。

(2) 半陪伴阶段。
有的孩子写作业,时而快,时而慢;时而正确率高,时而正确率低。这种情况需要家长"半陪伴"。也就是说,孩子写作业状态好时,家长鼓励孩子独立完成;孩子状态不好时,则需要家长陪伴。

荷花虽然是老师,但以前真不知道初中生的作业那么多。那天,她发现一向活泼的女儿耷拉着脸,满脸疲惫。她问孩子怎么了,孩子竟红了眼眶。在荷花的关心下，孩子说："周末还不如别放假，看到这一堆又一堆的作业，觉得很烦。"深懂孩子的荷花知道，这是孩子状态不佳的时候。于是，她对孩子说："别怕，妈妈陪你一起面对。"有了妈妈的陪伴，孩子像得到了力量一般，既开心又认真地写起了作业。

除了适当的陪伴，家长还可以给予精神上的关心，比如：爸爸/妈妈帮你做点好吃的，你慢慢写；累了就歇一会儿，尽最大努力就可以了；我知道你累，爸爸/妈妈相信你能克服困难。火上浇油的家长助力不了孩子写作业的效率与质量，具备同理心的家长才能更好地支持孩子！

（3）不陪伴阶段。

家长不陪伴是陪伴的最高阶段。在这个阶段，孩子已经掌握了随时收心的能力，养成了主动写作业的习惯。这时，家长便可以放手让孩子真正独立完成作业了。

4.2.5 你在培养人才

家长对作业的正确认知很重要，如果认为孩子不好好写作业就代表孩子不听话，这既容易让自己生气，也容易让孩子讨厌写作业。

对此，我们可以转换一下思维：我在陪未来的人才写作业，我可以耐心一些。说孩子是未来的人才丝毫不夸张。在一个擅长的领域钻研下去,谁都可以成为人才,你的孩子也不例外。当你坚信孩子是未来人才的时候,你的眼里看到的是未来人才,语气里透露着对未来人才的肯定,你会更耐心地对待孩子。而耐心与肯定是培养人才的土壤,能给孩子带来无限的力量。

4.3 这些孩子是这样提高作业质量的

我们曾经做过一项测试——

跟第一批孩子讲:若在规定时间里把作业完成,并且保证质量,坚持10天就能领到奖学金,结果这批孩子全部完成得很好。这里请注意,我们所讲的"很好",是比自己以往有进步。(温馨提示:不要盲目模仿,否则孩子会认为写作业是为了钱。在开展这项测试前,我们对孩子做了科学引导)

这个测试完毕后,我们与这些孩子进行了深度的交谈,让他们看到自己有认真面对困难的潜力,用好这个潜力还可以造福未来。

跟第二批孩子讲:若在规定的时间里没有完成作业,或者敷衍了事,便请假在家3天,将这些作业反复抄写,再累也不能停止。家长也要请3天假,心平气和地坐在孩子身边抄写古诗词。(这样既能保证孩子安全,又能保证孩子心灵健康;如果家长陪伴的时候容易产生

愤怒的情绪,那干脆不要陪伴)

这些孩子刚开始以为只是说说而已,看到家长开始为自己收拾书桌,才知道动真格的了。家长不打也不骂地与孩子进行沟通:"这不是惩罚,而是陪着你养成受益一生的好习惯,因为我爱你。"

这3天里,有孩子向家长求饶:"我下次认真写作业,别让我抄了吧。"家长则平静地回应:"我们几个家庭正在比赛,不能坚持的人要为公园义务打扫卫生。"

孩子们逐渐冷静了下来,接受了现实,然后完成了3天的挑战。这个测试完毕后,我们与这些孩子进行了深度的交谈,让他们看到每一次的不认真,都为将来的人生制造了一重障碍。当孩子愿意克服困难了,写作业的效率自然就提高了。家长没有一句怒吼,却使孩子写作业的态度更认真了。

以上测试运用了人趋利避害的心理。即如果做好一件事情能获利,人便有了做好它的动力;如果做砸一件事情要付出更大的代价,则人会努力避免它。

下面再分享几个提高孩子写作业质量的小方法:
(1)家长偶尔把孩子的书房布置成考场的模样,有标语、闹钟、监考老师。
(2)如规定"考试"时间为两小时,时间一到孩子就必须立即停笔。
(3)孩子要自己承担不好好写作业的结果。

(4) 家长鼓励孩子, 使孩子爱上写作业。

偶尔把书房布置成考场的模样, 这个方法比较适用于孩子写作业习惯非常不好的那个阶段。这个模拟环境可以制造出严肃的气氛, 还能让孩子提前适应考场, 不至于在真正进入考场时因紧张而出错。需要注意的是, 这个方法不能频繁使用, 也不适合长期使用, 否则会导致孩子对考场的麻木, 或者造成孩子精神紧张。

家长可以试着让孩子把每一次的作业都当成考试, 给孩子在潜意识里装上认真的"程序"; 让孩子把每一次的考试都当成作业, 培养孩子放松的状态。同时, 写作业要谨记先易后难, 也可以分科目、分时间段写, 劳逸结合。此外, 家长还应该给孩子创造安静的写作业的空间。

第 5 章　如何让孩子爱上学习

5.1　孩子喜欢学习，因为遇到了有趣的老师和家长

我曾问过几百个孩子：你热爱学习吗？高达 98% 的孩子明确回答不热爱，这其中包括学习成绩好的孩子。每次听到这个答案，我的心里便有一阵酸痛。孩子们不是因为热爱学习而学习，而是因为他们已经被灌入了一种认知：只有好好学习，未来才能有好的生活。学习被功利化了，变成了不得不学的无奈之举，而关于学习的幸福感却丝毫不见。

在此，我来汇报一个有点尴尬的事实：绝大部分学生，无论怎么努力，也做不到家长与老师所期待的样子。

这个事实有点悲观，但其实隐藏了无限乐观。当我把这个事实告诉家长后，他们也因此释然了，不再对孩子逼得那么紧，孩子反而没有那么厌学了。

有些老师和家长，只允许孩子进步，孩子退步一点便心急如焚。可这世界上没有一直只进步不退步的人呀！那么，如果孩子进步了，他们的心情又会怎样呢？虽然不再心急如焚，但仍然焦虑，担心下一次不能保持这个好成绩。对于孩子而言，无论进步还是退步，他们的内心都充满了焦虑，积累到一定程度时就会变成对抗，最后心不在焉，一听到"学习"两个字就会觉得烦躁。我们来看看那些有趣的老师和家长是什么样子的吧。

初二（3）班一直是让人头疼的班级，贾老师来了以后却变了样。贾老师阳光活泼、青春向上，经常跟孩子们掰手腕、讲笑话、开美食聚会，讲个古诗词都能让孩子们捧腹大笑。上作文课时，他干脆把孩子们拉到户外，鼓励孩子们把所思、所想、所感记录下来。孩子们的写作从此变得轻松畅快。初二共有9个班，贾老师来了以后，初二（3）班的成绩排名从倒数第一跃升到正数第二。

贾老师享受知识带来的幸福感，因而充满了正能量。这种正能量，在无形中传递给了孩子们。如果教师是焦虑的，在学习中感受不到幸福，又如何教出享受学习的孩子？

班上有个每次考试成绩都不理想的孩子，但贾老师总能捕捉到这个孩子的微小进步，哪怕孩子只是进步3分，贾老师也会及时给他送上鼓励。贾老师时常与这个孩子谈心，告诉他无论考多少分，都要养成认真对待的态度。

再来看看有趣的家长吧。

小雄从一年级开始就喜欢讲:"这次感觉考得不错!"然而一直到初二,他实际的考试成绩都比感觉的要差。妈妈经常逗乐地说:"别再说感觉了,妈妈已经习惯了'不咋样'。"每当这时候,爸爸总会鼓励儿子:"还有希望,有人到初三才发力,一样考上了好大学!"

初二下学期,小雄果真开始发力,学习更加积极向上,不仅考上了理想的高中,后来还考上了不错的大学。小雄对我们说:"小时候,贪玩是本性。长大了,我知道为自己负责了,也就主动努力了。特别感谢爸妈既允许我玩,又没有放任我。在我失落的时候,依然对我抱有希望。更感谢他们常常带我接触大自然,让我身心愉悦,学习的劲头也就更高了!"

做一个有趣的老师,做一个有趣的家长,可以助力孩子们爱上学习!

5.2 孩子厌学的三个根本原因

孩子产生厌学情绪有以下三个根本原因:
(1) 找不到信心的支撑。
(2) 迷上手机,无心学习。

(3) 过度好胜。

孩子在学习中找不到信心的支撑,主要指孩子找不到学习方法,不得要领,成绩不佳,从而逃避学习上的困难。这种情况下,需要老师与父母给予孩子力量。而给予孩子力量的方式,可以参考上一节中的贾老师和小雄的父母。

在我们的现实生活里,有些老师与父母只喜欢把力量给予成绩好的学生。这如同一块庄稼地,好庄稼被过分地浇水,反而被溺坏了。有多少一直被表扬的优等生,遇到一点小事便脆弱得无法应付了?而学习不得要领的孩子们,却得不到鼓励和帮助,反而还被训斥。这些孩子在家里父母不待见,在学校老师看不见。如果是这样,试问谁还能热爱学习?被老师与父母信任的孩子,则不易轻言放弃。

如果孩子因迷上手机而无心学习,父母除了下决心陪伴孩子适当地远离手机,别无他法。这个时候,父母之间不能互相抱怨,否则孩子刚好有空子可钻,趁父母斗气的时间继续沉迷手机。父母应当同心协力,在言行不过激的基础上,让孩子看到手机瘾的危害。同时,父母应轮流陪伴孩子,转移其注意力。

心和是一个初中女孩,她有段时间因迷恋手机而不肯进校门。父母说了许多道理都没用,老师打电话她也不接。她横下一条心就是不读书,那几个月她妈妈的头发都白了。当心和的父母找到我的时候,心和已经与校园隔离了。心和在家里有吃有喝，有手机。父母怕她做极端行为，又不敢用语言刺激。家里反而成了舒适场，心和更没有去学校的念头了。

心和妈妈告诉我：家里已经靠借钱生活了，因为心和不读书的事，她有半年没去上班了。心和爸爸做点小生意，也总是心不在焉。并且，心和妈妈的身体也出了问题，需要做一个小手术，却不敢去医院。在我的鼓励下，心和妈妈去住院了。心和爸爸不仅要照顾心和妈妈，还坚持为心和做好一日三餐放在冰箱里贴好纸条，提醒心和加热便可食用。

到了第三天，伴随着午饭，心和还收到一封情真意切的信。这封信来自并不善于沟通的心和爸爸。在信里，没有一句对心和的指责，只有爱和担忧。部分内容如下："我们担心你一直不去学校，未来会被社会淘汰。我们更不敢说重话批评你。你是我们身上掉下来的一块肉，害怕你冲动做傻事。可我们找不到更好的办法，每天为这事儿发愁。我的业务频频出错，你妈妈现在也生病住了医院。亲爱的孩子，你不需要难过和自责，爸爸当年也年少不懂事，给你爷爷奶奶带去过诸多苦恼。在我思想转变过来后，一切不是也挺好的吗？有什么困难，我们全家共同面对，把你的想法说出来，或者写出来，好吗？"

当心和知晓了事实，便主动把手机交给了爸爸。接下来，她想去学校又觉得不好意思。于是，老师带了心和的几个好朋友来到家里，她们给心和带了礼物，对心和说"我们都想你了",然后她们拉起心和的手,便去了学校。

心和爸爸是个老好人,给很多朋友帮过忙,却没空陪自己的孩子戒掉手机瘾。直到经历了这件事情,他才明白:照顾好家庭更重要。

厌学的第三个原因是过度好胜。适当的好胜可以推动人前进,但过度的好胜则会对人造成伤害。孩子如果过于好胜,很容易遇挫后一蹶不振;家长如果过于好胜,很容易让孩子感到疲惫甚至产生逆反心理。

若茜从上幼儿园开始就是班长,一直是"别人家的孩子"。可是到了重点初中,一切都不同了,她的成绩变得普通。习惯了荣耀的若茜,开始变得烦躁、自卑、妒忌、封闭、麻木,直到厌学。而另一个在上重点中学的越越,情况相似却没有变得消沉,为什么呢?因为在她小学时候,父母便对她说:人可以骄傲,但不要自大;人外有人天外有天,世界上没有常胜的将军;学习是为了长本事,而不是为了争强好胜。在父母的正确引导下,越越即使成绩变得普通,也依然阳光向上,更不存在厌学情绪。

5.3　品尝到学习的喜悦，她的学习成绩提高了

毛姑娘是外贸公司的老板。听说她在上高中前英语一直都学得很吃力。那么，后来她的英语怎么变好的呢？既不是遇到了有趣的老师，也不是突然开窍了，而是因为品尝到了学习的喜悦。

20世纪90年代，毛姑娘家乡能上高中的孩子不多。每个周末，毛姑娘都会被几个年纪小的孩子围着，向她请教某件东西的英文怎么说。一群小孩把她当成偶像，村里人也觉得她很了不起。内心极度满足的毛姑娘，主动地从基础开始补习，英语磁带都被播坏了好几盘。她的学习动力被激发了，促使她一步步成为优等生。

小田属于注意力很难集中的那种学生。有一次，老师讲了一个孩子们都很感兴趣的话题，他听得特别认真。于是老师趁机表扬了他，夸他是这节课上课最专心的学生。小田高兴极了，从此听课更认真了。之后他的作文考试还拿了全班第一名，老师夸他是进步最大的学生。他也因此品尝到了学习的喜悦，于是有了施了魔法般的进步。

第6章 该如何为孩子选择才艺班

6.1 孩子的眼里还有光吗

2021年中央广播电视总台春节联欢晚会的相声节目《如此家长》，让人捧腹大笑后又陷入沉思。虽然节目采用了夸张的手法，但不得不承认，它的原型是千万个普通家庭：孩子们掐着点去各类兴趣班，一张又一张不情愿的小脸蛋，背后是一个又一个焦虑的家长。

有一次，我看了一场少儿才艺表演，看完后我却难受极了。在舞台上翩翩起舞的孩子们，一下舞台便耷拉着脸。或许她们的真实感受是：自己终于完成了一个并不喜欢的表演。这跟电视剧《山海情》里渴望表演的孩子们完全是两个样子。前者眼中无光，后者眼中闪耀着光芒。

当然，台上一分钟台下十年功，台上所有的精彩表现都需要孩子克服"不喜欢"这个阶段才能展现出来，比如钢琴、舞蹈……已经取得不俗表现的孩子，除了要克服"不喜欢"这一阶段，他们还有一个特点：都有1～2种专精的才艺，而不是学了很多种才艺却样样不精。

不少人说，现在的孩子没有我们小时候快乐。为什么呢？因为现在的孩子缺少了在自然中长大的经历，比如田野撒欢、树林爬树……大自然有最好的课堂，它有着最原始的音乐：水声、风声、鸟鸣声，还有着最原始的绘画：山川、河流、大树，更有着最原始的舞蹈：孔雀、昆虫、白云。

家长与其将孩子的全部的时间都用来依葫芦画瓢，模仿所谓的"才艺"，不如匀出一些时间与孩子一起走进大自然，让孩子找回失去的灵性以及与生俱来的创造性！

6.2 智慧的妈妈这样帮孩子选择才艺班

秋秋最初认可放养式教育，觉得孩子在小学阶段就该好好玩。无论其他孩子报了多少个才艺班，她都无动于衷，只要求自己的孩子完成学校布置的作业即可。

有一年春节，秋秋的堂妹策划了一场家庭晚会。有个孩子表演了一段跆拳道，有个孩子来了一段拉丁舞，还有个孩子顺口就来了一段单口相声。只有秋秋的孩子什么也不会，她的脸上写满了尴尬。年后，秋秋做的第一件事就是帮孩子找才艺班。

秋秋公司的老板娘很会培养孩子，她跟秋秋分享了自己家的情况：老大随爸爸，身子灵活，喜欢运动，便给老大报了篮球班。如今老大已经读大学了，打篮球对他的帮助很大。老二吵着要去画画，可老板娘清楚这个孩子静不下来，这只是一时的热情。于是，老板娘同意老二先学一个学期，之后有一次更换的机会。果然学了一学期画画后，老二决定重新选择。这一次，父母给他设置了规矩：选择了就必须坚持。由于之后没有轻易可更改的机会了，因此老二格外重视这次的重选，主动请父母帮忙参考。老二性格外向，声音好听。全家一致建议他学播音主持，几年后证明这个选择是对的。老三性格略显腼腆，老板娘给她报了舞蹈班。老板娘把老三在课堂上跳舞的小视频都保存了下来，动员爸爸与哥哥们观看并给妹妹鼓励，老三因而表现得越来越好。老板娘报班还有三大原则：

（1）培训机构的负责人会这门才艺。因为只有负责人自己懂才会更热爱它，才能更好地设计课程与选择老师。

（2）上课的老师状态良好、表现积极，眼里有光。

（3）培训机构在当地有一定的口碑。

有了老板娘的指导，秋秋少走了很多弯路。

小霖是个头脑发热型的母亲，看到舞蹈班有优惠，一下子给孩子报了3年的课程，不料中途培训机构的负责人携款潜逃了，于是，她又换了一家培训机构继续报。孩子学了半年后不肯去了,吵着要学打架子鼓,可孩子学了一段时间架子鼓又闹着不去了。她的孩子在各种才艺班学了好几年,却没有一样拿得出手的才艺。

如何选择兴趣班?秋秋、老板娘与小霖已经给了我们答案。

第 7 章 孩子有注意缺陷多动障碍怎么办

7.1 关于注意缺陷多动障碍

写这一章的时候,我的内心有一些复杂,因为想起好多可爱的孩子以及他们的家庭,想起他们因为认知不足而走过的心酸路。我多想省略专业介绍,直奔主题,写写对注意缺陷多动障碍孩子的日常教养。但我知道这是急不来的,还是得慢慢介绍。

大部分家长看到"障碍"两个字,本能地就将其屏蔽了:怎么可能!我的孩子只是注意力不集中而已,只是习惯没养好而已,绝不是什么障碍。如果孩子有注意力涣散、活动量过多、情绪容易激动、经常跟人发生冲突、自制力弱,很可能就是注意缺陷多动障碍。

注意缺陷多动障碍(attention-deficit hyperactivity disorder,ADHD),是一种在儿童期很常见的精神失调。世界卫生组织发布的《世界通用疾病分类手册》第十版(ICD-10,WHO,1992)称此症为"过度活跃症"(hyperkinetic disorder），分类编号为 F90，一般俗称"多动症"。随着对这种病症的认识增加，科学家发现这种病症也会出现在成年人身上。

对 ADHD 比较确切的定义，记载于美国精神医学会（APA）出版的《精神疾病诊断与统计手册》第四版修订版。ADHD 的主要病症是：注意力涣散（inattentive）或注意力集中困难（attention-deficit）、活动量过多（hyperactive）、自制力弱（impulsive）。

基于以上三种病症，可把 ADHD 细分为以下三种类型：注意力缺陷型（mainly inattentive）、过动/冲动控制障碍型（mainly hyperactive-impulsive）、混合型（combination）。简单一点说，即注意力分散型、多动症型、注意力分散与多动混合型。

ADHD 儿童表现通常有注意力不集中、无法抑制自己的冲动以及坐立不安的情况。若是大人，主要表现为无法计划好简单的生活与工作。ADHD 必须由受过专业训练的医生才可诊断，否则容易被误诊。

ADHD 儿童常见的行为特征如下：
（1）上体育课时，因不遵守秩序或不听从指示及表现散漫而常被责备。
（2）在教室里无法坐在座位上，即使是上课时，亦会到处走动。
（3）坐着的时候摇晃椅子，甚至有时会从椅子上掉下来。

(4) 由于注意力集中时间短，无法专注于课业或无法在规定时间内完成课业。

(5) 自我整理、打理能力差，常有脏乱现象。

(6) 因缺乏自我抑制及冲动性，各种行为问题会逐渐增加。

(7) 语言方面具有攻击性，而且不停地发出吵闹的声音。

(8) 受到压力时，会更加无法掌控抑制能力，过动行为更加严重。

(9) 亦会因上述这些现象失去自信。

(10) 常被评价为偷懒、喜欢幻想、行为异常等。

(11) 回答的答案不切实际，有时无法形容事情的来龙去脉。

(12) 即使在监督与指导下也会引起问题。

进入 10 岁左右时，有 25% 左右的 ADHD 儿童会逐渐回归正常，但仍有 75% 左右的 ADHD 儿童依然显现不适应学校、社会、家庭的现象。注意缺陷多动障碍一般呈慢性过程，症状可持续多年，甚至终身存在。据统计，约 70% 的患儿症状会持续到青春期，30% 的患儿症状会持续终身。

更有甚者，孩童时期的忽略导致其在成人时期无论是在工作、日常生活还是人际关系上均产生困扰，以至于陷入自信心不足、挫折、沮丧、不明的脾气暴躁等状态，严重者甚至会罹患忧郁症。另外，由于继发或共患破坏性行为障碍及情绪障碍的危险性相应提高，其在成年时期产生物质依赖、反社会人格障碍和违法犯罪的风险亦可能增加。

患此症的因素复杂，以下均可能是其病因：

（1）神经及化学性因素。人脑中有主管学习、自我抑制、产生动机等的网状活化系统 RAS（reticular activating system），而在网状活化系统 RAS 内，有主管注意力的多巴胺、去甲肾上腺素等神经传导的物质。专家认为，当缺乏这些物质或这些物质有异常时，即会诱发 ADHD。此外，色胺酸等亦与 ADHD 发病有关。所以，要有前述的神经及化学性因素才会引起 ADHD。更重要的是，ADHD 是一种疾病，需要接受具体的诊断和治疗。家长千万不要单纯地认为 ADHD 是由孩子天生的个性或周遭环境所引起的。

（2）遗传性因素。关于 ADHD 的基因研究发现，ADHD 儿童的父母或其兄弟姐妹中，有 30% 的人也有注意力缺失的问题。但是，目前并没有很确切的结论表示，ADHD 会单纯地因某种遗传性而引起，只是认为其因素可能与家庭遗传有关。

（3）环境因素。亦有报告指出，怀孕时胎儿的状态亦与注意力缺失有关。换句话说，ADHD 的罹患率会受到怀孕时期孕妇的营养不良、吸烟、过多的压力、感染疾病等因素的影响。同时，早产儿或难产时头部受损等因素，也可能成为引起 ADHD 的因素。但这并不代表这样的环境因素就一定会引起 ADHD。

专家认为，过去所认为的"过度看电视""铅中毒""高压电流地区的辐射暴露""日光灯暴露""电动玩具""过敏"等也会引起 ADHD 的说法，是毫无医学根据的。另外，其他说法如缺乏维生素及摄取过多的食物添加剂、盐腌制的食物、精制砂糖等会造成过动,在科学方面并没有确切的证据。

(4) 解剖学原因。大部分的学者认为注意力缺失为先天性,或可能是神经及化学性原因所造成的现象。通常 ADHD 儿童脑部的基本构造在外观上并无异常,但在脑功能方面可发现细微的功能障碍。以正常儿童为例,在胎儿期以及出生后的 1 年间,他们的脑部会持续成长,而在其发展过程中,会适当地形成神经细胞。但是,也有可能因孕妇吸烟、饮酒、滥用药物等各种原因,儿童无法正常形成上述的脑部功能。以平均值而言,ADHD 儿童的前额叶 (frontal lobe) 比正常的儿童小 10%,且其大脑前上 (anterior superior) 与前下 (anterior inferior) 的容积也比正常的儿童小 10% 左右。

ADHD 其实是多种精神失调的合称。因此,要正确诊断这一病症,不能依靠单一测试来确定,而必须同时采用多种测试配合进行确认。目前治疗 ADHD 的常用方法有三种:药物治疗、心理治疗、行为治疗。

(1) 药物治疗。多数 ADHD 儿童在服药物后多动行为或认知功能都有改善,但药量难掌控及药物副作用可导致营养不良而影响骨骼生长和成长发育,以及停药可能会引起行为反弹现象(出现比未用药前更加严重的行为症状)等问题。因此,在用药过程中,药物剂量的控制和药物疗效的评价一定要做得专业、精确、可靠。目前市场上主要的药物有:①择思达(盐酸托莫西汀胶囊)和专注达(盐酸哌甲酯缓释片)。根据医嘱和自身体重用药,使用后注意测量血压。该类药物对人体血液浓度有影响,副作用大多表现为食欲不振、犯困,但效果较好,在用药前两个月效果最为明显。②利他林(盐酸哌甲酯片)。根据医嘱和自身体重用药,使用后注意测量血压。该类药物对人体血液浓度有影响,副作用大多表现为食欲不振、犯困。

(2)心理治疗。心理治疗主要针对 ADHD 儿童的情绪、亲子关系、人际交往、自我认知等方面展开。这些方面对于 ADHD 儿童适应社会、发展自我是非常有益的,但对改善 ADHD 本身的症状效果不明显,可作为 ADHD 的一个常规的辅助治疗出现。

(3)行为治疗。行为治疗主要体现在自我管理、时间管理、学校及家庭行为控制等方面,对改善儿童行为有明显作用,是 ADHD 的必要治疗措施。单纯的药物治疗效果很可能会随着停药而消失,但如果同步配合行为治疗,就会在停药后依然保持某些有效的行为特点。

此外,神经生理训练对改善 ADHD 儿童的神经反应能力亦有效。ADHD 归根到底是神经病学疾病,因此患者有着明显的神经反应缺陷。神经生理训练可以有针对性地、循序渐进地切实改善这种神经反应缺陷。具体效果可反应在儿童对目标刺激反应的正确率越来越高、疏漏越来越少、反应在正确的前提下越来越快。因此,神经生理训练对改善 ADHD 儿童学业反应的高错误是很有帮助的。另外,还有 HRV(心率变异性)生物反馈训练、脑生物反馈训练、中医药、针灸等治疗方式。

(以上关于注意缺陷多动障碍的专业描述的介绍来

自 360 百科①，在此非常感谢所有研究 ADHD 的前辈，以及各位整理信息的前辈。）

7.2　因注意缺陷多动障碍而抓狂的母子

小舒是安安的妈妈，我收到小舒信息的时候，她很着急："张老师，知道您很忙，但请无论如何都要帮帮我，我的孩子在学校打架了，对方爸爸撂了狠话，要教训他。"

安安的爸爸在离婚后去了外地，这些年是小舒在带孩子。安安在学校把同学浩浩打伤了，对方脖子上与背上都有伤痕，并且听说这已经不是第一次了。事情的起因很简单，浩浩路过安安书桌旁的时候，碰到了正在喝水的安安，安安被水洒了一身，于是安安扔掉水杯就去揍浩浩。听同学们说，浩浩说了一句对不起，但安安仿佛听不到似的，他愤怒地掐住浩浩脖子就往地上按，浩浩在挣扎的过程中又撞在了桌角上，直到老师过来才将两人分开。

安安从读小学一年级开始就没让小舒省心过，总是为了一点小事就跟同学起冲突。上课时，他将桌椅弄得咚咚响，老师不得已把他调到了角落，一人一桌。安安

---

①　"注意缺陷多动障碍"词条，见 360 百科（https://baike.so.com/doc/7060285-7283195.html）。

还时常跟老师吵架，比如老师批评他的时候，他总是用尖叫来回应，小脸蛋气得通红，双眼满含泪水攥紧拳头。对其他同学来说很正常的批评，他却受不了，总是反应激烈。

这几年，安安不断被老师批评。小舒为此查阅了很多资料，发现孩子符合注意缺陷多动障碍的特征。然后她带安安去医院做了测试，证实了自己的判断。吃了几个月专注达，安安的情况好了一些，但后来又反反复复。作为单亲妈妈的小舒几乎要崩溃了，而安安爸爸则认为是她没教好孩子。

老师在跟小舒的数次谈话里，只差明白地讲：单亲家庭更要注重孩子的性格培养。小舒委屈极了，她是有内涵的高知人士，从来就没有刻意娇惯孩子呀！

在一次家长会上，老师讲到孩子的缺点一般都是从父母那里"复制"过来的。听到这里，她心疼到难以呼吸，强忍着参加完家长会。那天她犯迷糊了，给父母打了一通莫名其妙的电话，让父母要照顾好自己，无论她跟孩子怎么样，父母都要坚强地活着……

让她惊讶的是，从来舍不得坐飞机的父亲，第二天竟然买了飞机票赶过来了。小舒一边哭一边诉说着这些年的辛酸，身体几乎瘫软，说完她竟然在沙发上睡着了。她睡醒以后，发现身上盖着被子，厨房里传来饭菜的香味。那一刻，她才明白自己也是父母的宝贝，再也不能犯傻了。

现在回到浩浩爸爸要教训安安这件事情。我及时给小舒做了个视频咨询，引导她用呼吸法放松下来后，我让她轻轻地闭上眼睛，以一段优雅又轻柔的音乐为背景，向她提问道："你最担心的是什么？"

小舒说："担心浩浩爸爸失去控制把安安打伤，我一个女人又无能为力。"

我说："你在哪里听过类似的事件？"

小舒说："网上与现实生活里都听过。"

我说："你想想在这些事件里，那些家庭有没有一开始就不做任何辩解或者不表示出模拟两可的态度，而是诚心诚意地向对方道歉？"

小舒说："应该没有。"

我说："如果是安安被别人打了，你会不会直接打对方？"

小舒说："不会，但我希望能得到道歉，并保证以后不再有类似的事情。"

我说："是的，接下来你可以这么做……"

接下来，小舒非常坦诚地对安安说："你这次惹事了，浩浩爸爸冷静不下来，你觉得怎么办才好？"

安安说："我不怕他，是他孩子先碰到我的，我跟他拼了。"

小舒说："别说你还是小孩，肯定打不过他。就算你打得过他，赢了坐牢，输了受疼。新时代靠文明的沟通才能解决问题。再说，如果你受伤，妈妈该多难过！"

安安说："那怎么办？明明是他先惹我生气的。"

小舒说："如果是你不小心撞倒了别人的水杯，别人不听你道歉,直接打你,你难受吗?"

安安这下不说话了。

小舒接着对孩子说:"这是情绪不能自控惹的祸,情绪不能自控是注意缺陷多动障碍的一种表现,如果不学会克服及管理,还会给自己带来更多麻烦。在别人看来不是事的事,却会给你带来很多痛苦,如果不进行调整,以后不但交不到朋友,还可能会挨打。"

孩子仍然不说话,但是明显有些紧张了。

小舒安慰孩子说:"别怕,为了你,妈妈学了很多管理情绪的办法,愿意陪着你一起克服!妈妈相信安安可以战胜冲动这个魔鬼!"

安安点了点头。接着,小舒把我教的3个小方法分享给了安安:

(1)手背上写:冷静是宝贝!每天都看一看这几个字,提醒自己冷静后的幸福,同时也暗示冲动造成的痛苦。

(2)万一负面情绪上来的时候,深呼吸33次,直到平静为止。

(3)事后问自己:下次遇到这样的事情,还有什么更好的处理办法?

安安听完了妈妈的分享,眼里有了希望,人也冷静下来了。他们继续讨论了一番后,安安发了一段道歉的录音给老师,由老师转发给了浩浩的爸妈。

第二天,安安又当着全班同学的面向浩浩道了歉,并且给每个同学都送了一份小礼物,还邀请大家在他冲动的时候,提醒他:"好朋友,冷静一下会更好。"同学们给了安安热烈的掌声,鼓励他要敢于承担责任并勇于改正错误!

小舒加了浩浩妈妈的微信,再次真切地道歉,并且将安安有注意缺陷多动障碍的情况以及自己的辛酸,全都坦诚地讲了出来。小舒说着说着就哭了,浩浩妈妈是个通情达理的人,不但原谅了安安,还陪着小舒想了好多办法。

我们都知道,安安以后可能还会出现各种情况。但是,我们也应该相信:安安会比大部分有注意缺陷多动障碍的孩子更易感知,更快地恢复理智,冲动的情况也会越来越少。因为小舒现在每天跟我们一起练习修心,并把科学修心的方法教给安安。

小舒在我们的指导下,在日常生活中对安安的一些行为及时进行干预。比如,带安安看一些法制节目,有意识地安排他看到冲动的恶果,从而形成自我克服的意识;带安安打篮球、骑单车、练拳击等,从而合理地释放孩子的多巴胺。通过以上一系列方法,安安的进步很大。

我的一个好朋友在学校当心理老师,她遇到这么一个学生:好动、冲动,几乎跟班上每个同学都打过架。他总是先招惹别人,而别人轻轻碰他一下,他便会立即暴躁起来。这些行为已经严重影响到班级的正常教学活动,班主任建议家长带孩子去检测是否患有多动障碍。

家长却说自己孩子没问题,是学校没教好。班主任对此颇为无奈。

我给这位心理老师的建议是明确告诉家长:
(1) 若孩子的行为影响到集体学习,或者对其他同学的安全造成了威胁,学校是有权让这个学生停课的;
(2) 带孩子接受专业检测,只有好处没有坏处;
(3) 学校心理老师可以辅助指导,但前提是孩子得去接受专业检测;
(4) 请家长放心,老师依然爱孩子,以后可以抽空帮孩子补课;
(5) 学校相信孩子在此后会有大的改善。

有注意缺陷多动障碍的孩子与家庭不必害怕,按照本书教的步骤进行,孩子会好起来的。

7.3　训练专注力的方法

陪伴有注意缺陷多动障碍的孩子写作业,是一件不容易的事,莲花对此深有体会。其他孩子一个半小时能完成的作业,她的孩子要用四个小时。孩子要么写一句愣半天,要么搞东又搞西。夫妻俩轮流陪伴孩子写作业,然后轮流崩溃。

在学校孩子的学习跟不上,自己也难受。老师又一直暗示:家长要花点心思。看着活泼的孩子越来越呆板,莲花决定主动学习有关注意缺陷多动障碍的知识,并且耐心地跟老师沟通。老师的回应很积极:感谢你告诉我们,这对我们的教学很有帮助。接下来,老师减少了孩子的作业量,并对孩子每个细微的进步,都及时给予肯定,孩子渐渐开朗起来。

周末,莲花夫妇会带孩子走进各大公园。他们观察蓝天,感受草地,亲近仙湖水,爱上梧桐山。一家人的笑声越来越多。

在此分享两个训练专注力的方法:
(1)分心后,用食指在心口画圈,边画边暗示自己说:"注意力回来,注意力回来,注意力回来。"一直到注意力回来后停止。
(2)用手轻轻敲打自己的额头中心点,一边敲打一边暗示自己说:"启动专心系统,启动专心系统,启动专心系统。"一直到注意力完全集中后停止。

将这两个训练坚持下去,再配合体育锻炼,相信孩子的注意力会得到很大的提升。

训练孩子集中专注力还有以下方法:
(1)孩子读经典文章,家长让孩子记录某一个字出现了多少次。
(2)孩子练习连贯性投篮。
(3)孩子拼乐高或者学编程,家长鼓励孩子设计作品。
(4)孩子与家长比赛静坐。

（5）孩子进行射击训练。
（6）孩子进行绘画创作。
（7）家长带孩子做冥想。
（8）家长记录孩子专注做一件事情的时间。
（9）孩子写作业时分多次进行，并在此过程里锻炼聚焦力。

如今，社会上有一些训练专注力的机构，有的通过平衡训练来提升注意力，有的通过仪器刺激来提升注意力，或多或少都会有一些效果。不过，我必须坦诚地与大家分享我的经验：请保持平常心，不要抱过高的期待，孩子慢慢进步才切合实际。更不要幻想注意力缺失会完全消失，这种可能性微乎其微。

注意力缺失只是一种特质，我们应该接受它、了解它。造成注意力缺失的原因目前尚无确切的结论：可能有先天性的基因因素，也可能有后天性的环境因素；可能是家庭成员对孩子的教养方式造成，也可能是饮食刺激造成。保持健康饮食与内心舒畅，家庭成员之间保持友好的沟通，这些都可以对其起到一定的预防作用。

第8章　兄弟姐妹老吵架怎么办

8.1　太多家庭欠老大一个道歉

科文出生于20世纪50年代，如今已经60多岁了，但心中依然委屈。当年分家的时候，科文才20岁出头，盖厨房时因用了父母家的瓦，于是有人挑拨道："还有几个孩子呢，如果帮了他，后面的帮不了怎么办？"听后，科文那性格冲动的父亲竟然把科文已盖好的瓦拆掉了。

科文一直觉得父母不爱他，他是多么渴望得到父母的认可呀，但嘴上绝不承认。直到老父亲离世的时候，他躲进房间哭出了声音，叫了声"爹呀"！还有一次喝醉了酒，60多岁的他躺在老母亲的怀里撒娇，母亲用清凉油帮他揉着腹部，科文开心地笑了，并说："妈呀，您从来都没对我这样好过！"

老母亲告诉他："你是老大，小时候全家人都疼你，只是你记不得了。那会儿饼干是稀罕物品，依然弄来掰碎了给你吃。"至此，科文的委屈才得到真正化解。除了在物质上孝顺母亲，他还会带母亲去旅游，有时还帮母亲打理一下没有弄整齐的衣服。

现在已是 21 世纪了，关于老大们的委屈依然存在。小颉出生于 2011 年，在他后面，妈妈又生了一个弟弟和一个妹妹。爸爸时不时会说才 10 岁的他"不像老大的样子"。明明是弟弟妹妹弄坏了他的东西，他哭一下就被指责不像男子汉了；明明是弟弟妹妹先惹了他，可只要弟弟妹妹哭了，他总会挨一顿揍。小颉总是活在矛盾里，心情好的时候非常喜欢可爱的弟弟妹妹，心情烦躁的时候看着弟弟妹妹就恼火。

渐渐地，小颉的性格越来越不稳定，情绪波动很大，经常说爸爸妈妈偏心。对此，小颉的爸爸妈妈在我们的引导下做了这些事：

（1）爸爸妈妈心平气和地重复孩子说的话，然后向孩子进行确定：是因为这件事你觉得爸爸妈妈不爱你，对吗？

（2）当孩子表示确定以后，爸爸妈妈告诉他：听你这么讲，我们很心疼，如果发生在我身上，我也会觉得爸爸妈妈偏心。对不起，让你难受了。

（3）接着，爸爸妈妈要非常确定地告诉孩子：我们非常爱你，而且永远不会改变。有时候我们的脾气急了点，但我们会慢慢改正的。

（4）每当小颉有进步的时候，爸爸妈妈都会当着弟弟妹妹的面表扬小颉，并让他们向小颉学习，从而摆正小颉老大的位置。

（5）全家经常召开家庭会议，爸爸妈妈向孩子们表示他们对孩子们的爱是一样的，同时强调一家人相亲相爱的家规；当孩子们出现矛盾时，爸爸妈妈会搞清楚起因及经过后再做协调。

坚持这样做一段时间后，小颉的情绪稳定下来了，人也变得自信起来。

我们常常讲：很多父母都欠老大一句对不起，他们一出生就习惯了被关注，但家里有了老二或者老三之后，他们享受到的父母的爱变少了。他们在潜意识里习惯不了这种改变，就用各种闹腾来引起父母的注意。但闹腾非但得不到理解，反而被父母误解。那么，这种积压的情绪去哪里了呢？他们往往会将情绪发泄在幼小的弟弟妹妹身上。

再者，带老大的过程里，父母是初次经历，因而在各方面存在很多不足。父母往往对老大有过高的期待，却很少意识到这是在剥夺老大作为孩子的权利。因此，只有父母给予老大足够的肯定，老大才懂得如何肯定弟弟妹妹。

家庭有家庭的序位，社会有社会的序位。孩子与父母相互尊重，年幼者与年长者相互尊重，只有这样，家庭才会幸福，社会才会和谐。

8.2 在家庭里种下好好说话的种子

前面讲到的科文，他们几兄弟争吵了半辈子。连晚辈都跟着头疼，用尽了各种办法调和却无济于事。这两个和好了，那两个又争吵起来，过一段时间，他们自己又和好了。争吵是他们相爱的一种方式，不和谐对他们来说也是一种和谐，他们用争吵的模式续写着骨肉情。你能说他们不相亲相爱吗？真不是。但凡其中一个兄弟被外人欺负了，另外几个兄弟会给予帮助以讨回公道。可是，兄弟之间的沟通依然语气生硬。这都是因为原生家庭里没有养成好好说话的习惯。

父母之间说话的语气冲，对老大说话的语气也冲，老大又对几个弟弟说话的语气冲。几个弟弟互相说话的语气冲，长大之后再对父母和老大说话的语气也冲。他们对待外面的人的语气很好，一旦与家人沟通却又回到了原生模式。因此，家人之间养成好好说话的习惯非常重要，不仅可以促进兄弟姐妹的和谐，还可以提升晚辈的情商。

8.3 让孩子们学会在冲突中相亲相爱

请你闭上眼睛回忆一下：在成长的过程中，你与自己的兄弟姐妹闹过矛盾吗？再想想在你认识的朋友里，有哪家的孩子没闹过一点儿矛盾？在不违背道德与法律的情况下，父母应允许孩子们在冲突中成长。100%的和气是不存在的，家长不要发现孩子之间有一丁点矛盾就急着掺和，其实孩子们会自己和好的。

大福和小福是两兄弟，甜甜是他们的妹妹，这个"小棉袄"从出生起就集宠爱于一身。甜甜特能撒娇，有时明明是她先惹哥哥的，哥哥还没还手她便嗷嗷大叫。两个哥哥总是被家长批评，甚至挨手板。有一次，小福彻底愤怒了，对爸爸妈妈吼着："惯吧，你们就惯吧，看她长大怎么办？"大福也接着说："对呀，她说是我们惹的，你们就信了？"

好家伙，这一吼让爸爸妈妈冷静了，立刻意识到要引导女儿尊重哥哥们。爸爸妈妈是这样做的：
（1）弄清楚事情的来龙去脉后，让妹妹给哥哥们道歉；
（2）让妹妹用精准表达来代替情绪攻击，比如想要什么，感受如何，希望停止什么行为；
（3）向妹妹说清楚推卸责任的危害，以及兄弟姐妹相亲相爱的好处，并且清晰表达，孩子们相爱可以让父母更幸福。

有段时间甜甜老挨批评，问妈妈是不是不爱她了？妈妈轻轻地将她搂在怀里，给她讲小时候的事情：发烧感冒的时候，爸爸妈妈整宿不睡，轮流照顾她；两个哥哥把幼儿园的美食带回来与她分享。听着这些幸福的回忆，小丫头满足地入睡了。

两个哥哥现在长成大小伙了,可以畅通无阻地与爸爸妈妈交流感受,爸爸妈妈也因曾经的错误向他们道了歉。现在,这兄妹三人依然会有冲突,但因为有一对智慧的爸爸妈妈,他们更加相亲相爱了。

第9章 孩子偷东西怎么办

9.1 智慧的妈妈如此教育孩子不偷东西

我们经常会接到家长这样的紧急咨询:"孩子偷钱了,怎么办呀?"我总会这样回答:"先不要给孩子贴上'小偷'的标签,要相信孩子依然是好孩子!"

每当这个问题出现的时候,我童年时的两段经历便浮现在眼前。第一段经历:有天早晨,我发现自己的枕头底下有一沓钱,便忍不住抽了10元。彼时,10元钱能买到很多东西。那天,我成了同学们眼中的小富豪。我买了橡皮筋、本子、卷笔刀、方便面,钱还是没有用完,最后还将剩下的搞丢了。

妈妈很快便发现了我拿钱的事。那天晚饭后刚好遇到了停电,我们一家人便围着绿色小方桌,点着蜡烛聊天。妈妈开门见山地说:"丫头,你从枕头底下拿了10元钱吧?拿了就拿了,说实话就行。"妈妈的话让我还没来得及紧张,心情便轻松下来了,妈妈真是个智慧的农家女子!于是我把白天的事情一五一十地告诉了妈妈。妈妈听完后对我说:"钱丢了也找不回来了,下次要长记性。"

然后,爸妈给我和哥哥讲了一个故事:有个人因为偷窃宝物坐牢了。由于宝物特别贵重,他要坐一辈子牢。有一天,他妈妈去看他,他表示想喝一口妈妈的奶。但是令人万万没有想到的是他竟然咬掉了妈妈的奶头,并说道:"小时候偷针你不管我,长大了偷钱你还不管我。现在我犯法坐牢了,我恨你!"

从此,我们多了一条新的家规:我们需要什么就跟爸妈直接说,绝不允许偷东西!从那天开始,爸妈干脆放一部分零花钱在抽屉里,方便我和哥哥需要时使用。我们也会偶尔买点小零食,但都不会乱花钱,因为看见父母赚钱很辛苦,都舍不得用。

我时常觉得我的妈妈是一个无师自通的心理学家,她那一句"拿了就拿了",瞬间让我放下了防备,愿意如实向她汇报。她那充满温暖的语调,让我不由自主地愿意听她接下来的教诲。

第二段经历是一件影响了我很多年的事。在我五六岁的时候,邻居姐姐约我去挖莴笋,我欣然同行。路上我还遇到了爷爷,爷爷问我们拿着镰刀与筐子干吗,我告诉他去玩儿。

接着我跟着邻居姐姐走到了一块莴笋地,刚挖了两颗莴笋,来了个中年女人(后来才知道她是莴笋地的主人)。她啪啪地打了邻居姐姐几个耳光,邻居姐姐求饶道:"我错了,你莫打了!"然后她又对准我,啪啪两个耳光。打得我脸颊发烫,眼冒金光。那是我迄今为止唯一的一次被打耳光,好多次发噩梦都梦到这件事。

我们哭着回家了,家里人非常生气,村里人也讲那个女人不应该。爷爷是个暴脾气,当时就急着要去找那个女人算账:"一看这就是孩子们玩耍,挖了东西你找大人赔就行了,打五六岁的孩子干吗!"妈妈拦住了爷爷,她说:"确实是自己孩子错了,年纪再小也不能偷别人东西。"

回家后,母亲便给我上了一课:无论别人喊你做什么,都要问清楚是什么事,再动脑子想想该不该做。感谢我母亲坚定地相信我,并且教会我要有独立思考的能力,才让我再也没有做过类似的事情。

9.2 孩子偷偷"拿"东西的六个原因

孩子偷偷"拿"东西一般有以下六个原因:
(1)家长虽然给孩子零花钱,但孩子没有自由支配零花钱的空间。
(2)父母以孩子的小聪明为荣。
(3)父母不收好家里的钱,也不对孩子进行财商教育。
(4)孩子因孤独而寻找刺激。

（5）父母性格极端导致孩子报复型犯错。
（6）孩子受同伴的影响。

清竹考上了重点高中，在学校里出类拔萃。谁能想到，当初她是因为偷偷"拿"家里的钱才与我认识的。清竹家是"三好家庭"，家教严格，孩子需要什么都会得到满足，并且尽量给最好的，但就是不给孩子零用钱，原因是：一旦孩子有零花钱，就会买垃圾食品吃而影响身体健康。

清竹看到同学们都有零用钱，早就羡慕不已了。清竹奶奶喜欢把钱包随便放，有一次她便在奶奶的钱包里拿了一百元钱，奶奶发现后狠狠地批评了清竹。过了一段时间，她又拿了一百元钱。这下不得了，奶奶说这是不好的品行，一定要管住，还直接拿着菜刀吓唬清竹，说再偷钱就斩掉清竹的手指。孩子被吓得不轻。

之后，妈妈带清竹来到了咨询室。我与清竹分享了我小时候的故事，告诉她这不是什么丢人的事，因为几乎每个人小时候都"偷"过家里的钱。不同的是，有的人改正了，而有的人走上了歪路。

接着，我带着她们做了个亲子游戏，让清竹写出爱家人的20个理由，同时也让妈妈写出爱清竹的30个理由。在这个过程里，她们看见了彼此的爱。清竹表示愿意改正，妈妈也相信孩子将来会表现得更好。

最后，我给清竹家做了如下方案：

(1) 奶奶要将自己的钱收好。
(2) 父母给孩子零花钱，并由孩子自由支配。
(3) 父母教会孩子做零花钱的收支记录。
(4) 父母向孩子说明垃圾食品对身体的危害，并相信孩子买东西会有分寸。
(5) 孩子万一没忍住又拿钱了，请对父母说实话，要相信父母一定愿意帮助孩子慢慢改正。
(6) 父母多对孩子表达爱意。

清竹进步特别大，将近一年里没再发生"拿"钱的情况。后来有一次，清竹爷爷说他有一张一百元钱不见了。清竹妈妈连忙给我电话问怎么办。一番交流后，清竹妈妈变得冷静了许多，她当着全家的面故意对爷爷说："清竹现在早就不'拿'钱了，各方面都特别优秀！您下午再好好找一找，看看是不是掉在沙发底下，或者掉在书柜底下了。"果然，爷爷下午在沙发底下找到了那张一百元钱。

过了两天，清竹妈妈奖励了清竹两百元钱，理由是清竹学习进步了，性格开朗了，运动积极了。并对清竹说：不用汇报这笔奖金的用处，因为妈妈相信你做事有分寸。清竹后来再也没有犯过"拿"钱的错误。

清竹当初"拿"钱是因为家长不给她零花钱，还有家里的钱没收好。其实，让孩子参与家庭的收支管理可以培养孩子的财商，比如学会记基本账目、购物之前做实用度的分析、投资之前参与讨论等。有的家庭因为不缺钱也不对钱的开支进行管理，孩子对此没概念，所以养成了花钱大手大脚的习惯。还有的孩子为了被同学奉为"老大"拿自己的零花钱请同学吃喝,这更要不得。

刘奶奶的孙子今年 8 岁,从小就很机灵。有段时间孩子因吃太多糖而蛀牙了,因此家长就把糖藏了起来。有一天,他们发现了这小孩用一根长棍子把藏在高处的糖挑了下来,忍不住哈哈笑了起来却不加以阻拦。后来,这小孩在亲戚家乱翻东西,他们虽然也批评了孩子,然而批评的味道有些怪怪的,仿佛在为孩子的胆大而自豪。

最终,这个 8 岁的孩子有一次在小卖部偷东西时被老板发现了。从那以后,他们整个家庭对孩子变得严厉了起来,所有的眼睛都盯着孩子。这种紧张的氛围让孩子难受极了,情不自禁地又走进附近的小店去偷东西,其实他根本不缺这些东西。

此时,孩子进入了反面暗示的循环:反正你们都说我是坏小孩,那我就坏给你们看。这是孩子潜意识里对环境感受的反应,并不是大脑能控制的。

从心理学视角来看,这是一个多么忠诚于家长的孩子呀,其行为的根源显然不在孩子身上。此时,只有矫正家长的态度,孩子的行为才能得到修正。发现孩子拿东西的小卖部老板,其实是一个非常有爱心的人,他只是悄悄地告诉了家长,并没有声张。

这时候,如果家长能包容孩子,在孩子内疚感消融以后,再进行相应的引导,比如给孩子观看因偷盗坐牢的警示片,然后再温和地告诉孩子:我们相信你会越来越懂事,会把自己的聪明用在正道上。那么,可能孩子就不会再犯了。

如果情况已经发展到比较严重的程度,家长切忌盲目责罚。最好的办法是,家长用稳定的情绪对孩子进行陪伴体验。

因为无论家长是着急的情绪,还是恨铁不成钢的愤怒情绪,对教育孩子都起不了太大的作用。这时,家长的所有情绪只是为了压制孩子的行为,以及激发孩子的内疚感。而这两种感觉都使孩子感到压抑。当压抑的情绪无法释放时,孩子还是会继续犯同样的错误。

如果发现孩子重复犯错,家长可以试着反向尝试。在孩子害怕被骂的时候,家长可以给孩子做顿好吃的,并带孩子出去玩一玩,让孩子紧张的心情放松下来。度过了一段愉快的时光之后,家长再心平气和地跟孩子交流:我爱你,所以要陪你驱赶不能自控的魔鬼,我们对你有信心。

因孤独而寻找刺激才偷东西的情况,一般会发生在不合群的孩子身上。家长要教会孩子培养健康的人际沟通方式,比如好好说话、尊重同学、开玩笑要有分寸等。此外,家长还应培养孩子一些健康的兴趣爱好,比如游泳、爬山、下棋、朗读、徒步等。

也有的孩子是因为父母用极端的方式对待他们，而选择报复性偷窃。夫妻之间的极端行为或者家长对孩子采取极端行为，事后又没有及时补救，在这种情况下，孩子很容易出现报复性犯错，如打架、偷东西。偏要干父母不让干的事，实际上是孩子潜意识里对父母的反抗。

孩子受同伴影响而偷东西属于"模仿型犯错"。由于孩子还没有明辨是非的能力，如果家长不对孩子进行择友的引导，那么孩子就很容易受人唆使而偷东西。

搞清楚了孩子"拿"钱的原因与化解办法，家长便可以进行有效预防与积极制止。

第 10 章 孩子叛逆怎么办

10.1 应对不同叛逆期的方法

叛逆期可分为:
(1) 幼儿叛逆期。
(2) 儿童叛逆期。
(3) 青少年叛逆期。
(4) 成年叛逆期。

幼儿叛逆期一般发生在 2~3 岁,主要表现为孩子喜欢跟父母反着来。比如家长让孩子向阿姨问好,他故意说阿姨不好;家长让孩子别把玩具搞坏了,他故意搞坏;家长让孩子把玩具分享给小客人,他偏不。这个阶段的所谓叛逆,实则是孩子建立自主意识的黄金期。

儿童叛逆期一般发生在 7~9 岁,主要表现为孩子不听老师和家长的指令。比如家长让孩子完成老师布置的作业,他偏不写完;家长让孩子去公园,他偏不出家门。孩子在这个阶段的叛逆主要表现为执拗。

青少年叛逆期一般发生在 12～16 岁，这个阶段最让人头疼。随着认知的扩展，孩子的思维已经接近成人，自以为什么都懂甚至超过了父母，而实际上孩子还不具备真实经验，由此形成了主观与客观之间的矛盾，进而发展为亲子矛盾。

成年人的叛逆往往以固执的方式出现。比如，只要跟自己观念不同的事情通通反抗，从而给自己的人生造成重重阻力。

对于孩子的叛逆，家长常用两种方式：一种是管制方式，崇尚的是小孩不能娇惯；另一种是放纵方式，崇尚的是孩子自主。小志的妈妈对孩子采用的是管制方式，总是逼着小志把玩具分享给家里来的小客人，任凭他怎么哭闹也不心软。在小志 5 岁左右，一天家里来了客人，小志怎么都不肯打招呼。妈妈憋着一口气等客人离开后，马上对小志就是一顿揍，小志却坚决不认错。他狠狠咬着自己的胳膊，眼睛里释放出跟年龄极不相符的怒光。成年后的小志，性格内向又冲动，不愿意跟伙伴们交流，还常常为小事与他人起冲突。

小倩的爸爸对孩子采用的是放纵方式，当遇到让小倩向阿姨问好，而小倩不肯打招呼时，爸爸总是笑呵呵地讲，不想打招呼就算了。在小倩 10 岁左右，爸爸妈妈带她回老家过年。对家里的亲戚朋友，小倩一律不打招呼，爸爸却说：现在的孩子跟我们那时不一样，不勉强。后来小倩长大出来工作，换了好几个单位，人际关系都很紧张。

叛逆是孩子成长过程中必不可少的一段阶梯，家长引导对了，孩子就如同爬上幸福的顶峰；引导错了，孩子则如同跌入麻烦的深渊。对此，管制和放纵显然都不是好的应对方式，最好的应对方式应该是先理解、后引导，即家长首先理解孩子在不同年龄段的心理需求点，然后再将其引导到正确的道路上。

当孩子在幼儿时期出现了叛逆，家长的夸奖就是最好的办法。比如，前面讲到的小志，妈妈可以对小志说：咱家小志可有礼貌了，可会照顾小客人了。在这个时期，被看见、被表扬是孩子的心理需求。当孩子在儿童时期出现了叛逆，商量与期待是家长化解孩子执拗最好的办法。

苗苗有咬指甲的习惯，爸爸妈妈用了各种办法都无法让她戒掉，越是不让咬，她就越想咬。后来，苗苗特别想养一只小狗，爸爸妈妈说把指甲留长作为交换。本来爸爸妈妈只是说说而已，可没想到苗苗真的做到了，再也不咬指甲了。（温馨提示：造成孩子爱咬指甲的因素有很多，可能是维生素缺失，可能是缺少安全感，也可能是小时候养成的习惯）

商量与期待是孩子在儿童时期的心理需求点。商量是把孩子当成小大人，而设立期待则可以使其不再叛逆。比如，家长可以将孩子喜欢的事物作为期待，培养孩子的礼貌品质与分享品质等。

孩子在青少年时期出现了叛逆,"同意"与"建议"是其心理需求。首先,家长应认同孩子是大人了,同意孩子的立场,同意孩子情绪的释放。然后,家长给出作为父母的建议,再问问孩子怎么做可以让事情变得更好。在青少年的大脑中,情绪管控一般到 18 岁后才稳定下来,这时候管控认知的区域才会逐渐趋于平衡。家长应对孩子在青少年时期的叛逆,最忌讳的方式就是打压。

成年人想要改善叛逆,可以尝试改变自己的底层信念。比如,试着接受不同的观点。

10.2 家长对叛逆的误解

一些家长喜欢把孩子的不同意见统称为"叛逆",其实这是对"叛逆"的误解。咱们来解读一下字面含义,"叛"指背叛,"逆"指逆反。若没有被固化的认知,又哪来的背叛?若没有被控制的思维,又哪来的逆反?孩子若事事听家长的,就一定是对的吗?而孩子的想法就一定是错的吗?

如果不听父母的话就是叛逆,那么,有的父母认为好男儿志在四方,有的父母认为在原地发展才更现实。究竟哪个说法才是对的?

回忆一下,我们为什么没听父母的呢?无外乎如

"我有自己的想法，你们的认知已经落伍了"，而父母的想法则是"我走过的桥比你走过的路还多，你这么做会吃亏的"。

对于玩手机，有的孩子是这么想："玩一下手机没什么大不了，你们直接夺走它，就太不讲理了。"而家长则是这么想："玩手机会害了你。"

实际上，我们控制不了自己以外的任何人，能做的只有尽力而为。不让孩子玩手机，他会偷着玩，家长能做的就是——管理好孩子使用手机的时间，教育孩子远离不健康的内容，然后想办法鼓励他学习。最后的结果真的不是家长可以决定的，毕竟人生充满了太多的未知。有的孩子虽然小时候叛逆，但长大后突然发愤图强且很有担当。

小华是一个初二的男生，小时候他对父母的话全盘接收。13岁以后，小华突然变了一个人似的，处处与父母对着干。父母不让他跟社会上的人交往，偏不；让他去参加书法比赛，偏不；不让他玩手机，他说宁愿不上学。

小华的父母崇尚"棍棒底下出孝子"，小华小时候怕挨打，所以特别听话。据小华的描述：其实他的内心早就装满了愤怒，小时候的听话都是装出来的！有一次被父亲打了以后，他曾偷偷地打开家里的自来水，心想让水多流掉一些，花光父母的钱！现在终于等到长大，再也不怕他们打了，于是他把积压的委屈全部倾泻出来，变成了大家眼中的叛逆的孩子。

小华的父母搜遍了网络也没能找到合适的方法，最后来到我们咨询室，我给他们做了以下指导：
（1）实实在在地体验孩子的心理感受。
（2）认真给孩子写一封信，为曾经对孩子造成的伤害道歉。
（3）坚定地告诉孩子，父母是爱他的，并写出孩子的30个优点。
（4）真诚地对孩子说，以后遇到问题时，彼此平等沟通，齐心协力寻找方案。
（5）倾听孩子对自己学习及生活的真实想法。
（6）万一父母又不理智了，请孩子提醒父母，彼此互相理解、互相支持。

在完成第一项指导流程时，小华的心就已经慢慢软化了，后面几项都进行得颇为顺利。事实上，如果家长愿意听听孩子是怎么想的，如果家长敢于对孩子说"对不起，我错了"，又怎么会有叛逆的孩子呢？

第 11 章　孩子贪慕虚荣怎么办

11.1　条件不好演变成了贪慕虚荣

玉仔是一名高中生，父母拼尽全力将他送进了本地一所不错的学校。班上大部分同学的家庭都比较富裕，穿的都是几百元乃至上千元的品牌鞋，而他穿的是一百元左右的普通鞋。

刚开始，玉仔并不在意这些，他知道自己到学校是来学习的。可几个月后，他开始感受到自己与班里的同学格格不入：同学们聊的时尚他一窍不通；同学们聊的品牌让他望尘莫及；同学们讨论自己父母的公司有多厉害，他更是插不上话。玉仔觉得非常苦闷，并对父母说："如果你们没有这个能力，就让我待在老家读书呀，干吗送到这里来丢人。"听了这话，从小没动过玉仔一个手指的爸爸，给了玉仔一巴掌，妈妈在边上默默落泪。后来玉仔还是穿上了品牌鞋，而这是父母用上夜班工作的钱换来的。

玉仔最信任的人是姑姑，于是我安排玉仔姑姑拍了些视频。看着两鬓泛白的父母仍然在做着苦力活，玉仔哭了；看着不再年轻的父母啃着白馒头，却舍不得买一杯豆浆，玉仔哭了。

趁热打铁，姑姑给玉仔讲了两个故事。第一个故事是：有一个大老板的儿子在家里破产之后，因接受不了现实，又过不了苦日子，最后成了流落街头的流浪汉。第二个故事是：曹德旺9岁才上学，14岁就被迫辍学。他在街头卖过烟丝、贩过水果、拉过板车、修过自行车，在歧视者的白眼下艰难谋生，尝遍了常人难以想象的艰辛，如今成了"玻璃大王"。

从那之后，玉仔把心思用在了学习上，不仅学习成绩提高了，还得到了同学的友谊。

11.2　因虚荣心而崩溃的女孩

虚荣，即表面上的光彩。攀比容易使人产生虚荣心。适当的攀比可以激发人的奋斗欲，但过度的攀比则容易招致痛苦。

小盈是一名初中女生，爸爸为了谈生意，贷款买了一辆豪车。她经常听到别人奉承爸爸，便以为家里真的很有钱。而事实上，爸爸每个月都在数着钱过日子。在学校，她以"土豪小姐姐"自居，花钱如流水。后来还发展到非品牌包不背，非品牌口红不用。但爸爸给的钱毕竟有限，这些增加的开支从哪里来呢？最初她向姑姑要，后来又早早地谈男朋友，向男朋友要。

小盈跟心理医生聊天的时候，一会儿如有钱人家的小姐，一会儿又如贫窭的灰姑娘。治疗了一段时间后，小盈的情绪才恢复了稳定。爸爸对小盈说："是爸爸的虚荣心把你带偏了，对不起。我们家实际就是一个比上不足比下有余的普通家庭。"妈妈为此辞职并专门陪伴了小盈一年，还为小盈重新找了一所学校。小盈终于以一个普通姑娘的美丽样子开始了新的生活。

第 12 章 适应不了身边人，怎么适应社会

12.1 这烦恼是爷爷奶奶带来的吗

小灵最近非常苦恼，公公婆婆从老家来到了深圳，一开始她也想着要好好孝顺二老，但事与愿违。小灵从孩子出生几个月起，就学了好多育儿经，如学会了尊重孩子、学会了正向沟通、学会了平和教育，孩子在她的教育下，表现也颇为亮眼。可自从孩子的爷爷奶奶来了以后，一切都被打乱了。公公婆婆勤劳但小气、善良但脾气急。

最让小灵接受不了的是公公在客厅里抽烟，婆婆把嗑的瓜子皮扔在地上。她对公公讲："在客厅抽烟会影响家人的健康。"又对婆婆讲："瓜子壳尽量丢在垃圾桶里。"公公婆婆一开始也注意了，但几十年的习惯，难免偶尔又犯一次。

小灵总是很紧张，她担心孩子学到公公婆婆的不良习惯，又担心孩子因为公公婆婆的大嗓门而受伤。这种

紧张日积月累就变成了抱怨，她抱怨丈夫不说一下公婆，影响她对孩子进行"科学教养"。同时，小灵的情绪又传递给了孩子，孩子对爷爷奶奶也有了很大的意见。看着媳妇与孙子的脸色，公公婆婆也难受，但又不能狠下心回老家，因为没人给孙子做饭。

在小灵向我进行第三次咨询的时候，我对小灵使用了面质技术。

我：如果爷爷奶奶的日常习惯便将孩子带偏了，你能保证他走上社会接触的全部是好的一面吗？

小灵：不能。

我：如果孩子无法适应爷爷奶奶的不同的生活方式，你觉得孩子能适应现实社会的多元化吗？

小灵：不能。

我：爷爷奶奶有没有优点？

小灵：有。

我：如果是因为生活方式不同，大家也可以分开生活，由你自己来带孩子。

小灵：不行，我们做生意太忙。

我：那就是说爷爷奶奶对你们家有贡献，是吗？

小灵：是的。

我：享受贡献但不接受不同面，这样的情况存在吗？

小灵：不存在。

我：有什么办法让孩子看见爷爷奶奶的好，忽视爷爷奶奶的不足？

小灵：转变自己的态度，多感激爷爷奶奶，并且引导孩子学习好的方面。

我：如果全部按照你的育儿经来带孩子，孩子有没有可能成为温室里的花朵？

小灵：谢谢老师，我醒悟了。

不少人因为学习到了新的理念，便滋生了骄傲的情绪，试图让家里人都听他的，这反而成了矛盾的主因。实际上，孩子总要跟形形色色的人打交道，过于"正确"的模板反而害了孩子，学会适应才是人生的大课题。印度有一个静修中心，如果有人是为了躲避家人而去那里静修，一般都会被拒绝，原因是若与家里的亲人都相处不了，那么在集体生活中同样无法与人相处。

12.2　适应不是让你一味地忍让

此后，小灵家的情况越来越好，她还将跟我学到的"适应智慧"分享给了她的表妹小兰。小兰家的情况更为复杂，婆婆平日里会将衣服扔得满沙发都是，还喜欢干涉他们夫妻的生活。丈夫对她语气不好的时候，婆婆视而不见；而她对丈夫语气不好的时候，婆婆偏偏看见了，还故意说给小兰的弟弟听："你姐姐性格太要强了，吼得你姐夫不敢吱声。"小兰向丈夫诉苦，却被丈夫反过来说："你总跟老人家计较什么？"她内心特别委屈，真的不想再跟丈夫过下去了。

可是小兰一想到表姐小灵说过的——"学会适应才是人生的大课题"，她又把苦咽回去了，而婆婆仍然没完没了。这次，我给小兰送了三句话：
(1) 适应要建立在适度的基础上。
(2) 让一切自然而然地发生。
(3) 接收冲突背后的"礼物"。

小灵之前是对现状一点儿都不肯适应，而小兰则是对现状适应过头了。其实，发自内心的适应才会顺心，勉强适应只会堵心。如果彼此不沟通，未来更容易爆发问题。于是，小兰主动与婆婆沟通，说出了自己的委屈（这里需注意的是，跟长辈进行理性沟通，务必不能顶撞长辈、对长辈骂脏话或者动手等）。接着，婆婆开始反驳，甚至表现得比她更加委屈。她把握着分寸，停止了这次争论。

然后，她给婆婆留了一张纸条："妈妈，对不起，让您伤心了。您的付出我都知道，也很感激。但这次我的心里真的好难受，想出去安静两天。您不用担心，我只是去散散心。"那次之后，小兰婆婆也注意了很多，家庭因而和谐了不少。

在生活中，我们可以尝试 5∶1 原则——让步 5 次，据理力争 1 次。别害怕冲突，要相信冲突背后一定会有"礼物"。只要彼此都还爱着这个家，家庭成员之间偶尔的小争吵不会影响彼此的感情。

12.3 适应不同的老师

小哲从小学一年级到四年级都是徐老师带的,徐老师性格温柔,遇事总能跟孩子们慢慢沟通。到了五年级,徐老师调走了,接手小哲班级的是雷厉风行的周老师。有一次,小哲的作业忘记带回学校了,周老师罚他打扫厕所。他非常不服气地对周老师说:"你可以打电话给我妈,问问我是不是写了?为什么让我打扫厕所?"而周老师却说:"无论什么理由都是你自己造成的,你必须接受这次处罚。"

小哲听完后干脆直接跑回家,不愿意去上学了。因此,小哲的妈妈来到我的咨询室,我向她强调了适应的重要性。比如,小哲完全可以用尊重的语气与老师沟通:"我理解您是为我好,可以给我一次机会吗?保证下不为例。"相信老师的态度会因此有所不同。

谁不希望孩子都能遇到好老师?既严厉又慈爱,能走进孩子的心,最好还有优秀的教学水平,但世界上哪有那么完美的事。于是,有的家长会自以为是地建议老师该如何做,甚至有的家长因为换了老师而到学校闹。虽然老师的流动性过大会影响孩子们学习,但一般性的正常流动,在哪个学校都避免不了。家长与其抱怨,不如培养孩子的适应能力。若孩子只接受温柔的老师,未来面对不温柔的老师该怎么承受?若孩子只接受严格的老师,未来需要孩子自我监管的时候怎么办?所以,家长应当让孩子适应不同的老师,并且学会正确表达,只有这样孩子的人生才会更丰富。

12.4 适应不同的环境

这些年我带了无数个夏令营,发现能适应不同环境的孩子往往更优秀。

小A在参加山区徒步时,因为雨水把鞋子弄脏了,第二天他便坚决不再参加户外活动了。不仅如此,他跟小伙伴们也格格不入,当小伙伴们高兴地大笑时,他却厌烦地捂住耳朵,因此,没有一个小伙伴愿意跟他做朋友。最初我以为这是性格使然,给了他很多的支持与引导。可几天相处下来,我才知道,不能适应环境才是主要原因。于是,我单独找小A谈了一次心。

我首先跟他讲,耐脏、耐苦、耐磨是参加本次夏令营活动的一项基本训练。如果连这些都不能适应,那上了战场就打不了胜仗。而普通人万一遇到危险,适应力强的人会更容易活下来。我还跟他讲,现代社会已走向国际化,只有能快速适应不同环境的人,才能获得更多成功。沟通之后,小A在领悟的同时开始主动适应周围的环境,住在山区的土房子里也不再抱怨了。

第 13 章　被人否定没什么大不了

13.1　欣赏你的人在不久的未来

乐乐小时候参加过不少演讲比赛，其中有一场演讲比赛让他记忆犹新，现场观众给了乐乐最热烈的掌声，当大家都以为冠军非乐乐莫属的时候，主持人却宣布乐乐只得了第三名。大人知道胜败乃是兵家常事，但孩子还不懂，乐乐哭得一塌糊涂，说下次再也不参加演讲比赛了。妈妈允许乐乐有情绪，等他冷静下来后，给他讲了一个故事。

故事中的小女孩性格外向，上课总抢着举手。有一次她送本子去老师的办公室时，刚好听到了老师的对话："选某某当班长吧，她很聪明。"另一个老师却说："不行，不行，她话太多了，同学们不会喜欢的。"而老师口中的某某正是她。

小女孩在此后一年里都不怎么爱说话了，也没有了往常的笑容。爸爸得知缘由后告诉她："有的老师喜欢话多的学生,有的老师喜欢话少的学生,你们老师的话也不全对。你只管好好学习,喜欢你的人在不久的未来。"

这句话改变了她的一生。在刚工作的时候,有些人说她自不量力,好高骛远。她想起爸爸说的那句话,于是只管认真学习与潜心做研究,如今已成为行业里的精英。

乐乐听完故事后,说:"妈妈,这个故事讲的是你和外公,我听出来了。"

妈妈说:"是的,这个小女孩就是妈妈。如果有人说你不行,千万别灰心。只要自己不放弃,欣赏你的人一定在不久的未来。"

乐乐现在长得比妈妈还高了,他一直把"欣赏你的人在不久的未来"牢牢记在心里。如今,他在很多方面都表现得让妈妈感到自豪。

13.2 孩子,世界不会一直哄着你

在夏令营,我经常会给学生设置一个模拟应聘的环节。为什么呢?因为说千万遍的道理不如一次真实的体验。在这个环节里,孩子们要通过应聘而获得工作,如捡柴员、洗菜员、铺床员、洗刷员、销售员等。没有完

成任务者，就没有饭吃。

一顿饭不吃还可以坚持，但第二顿饭没吃上基本都扛不住了，孩子们因此都认真地干起活来。在家里娇气的孩子也不娇气了，孩子们都说，靠自己努力吃到的那顿饭，吃起来格外地香。

在孩子们应聘的时候还有一个"被否定"的环节。无论孩子的表现是普通还是非常好，在前两轮都会被考官挑剔。在家里做惯了"王子"和"公主"的孩子们，一个比一个有个性，在这个环节里有各种不服气。但在闹完脾气后发现没有可让步的空间，他们只好收拾起情绪，继续下一轮的模拟应聘。只见一群孩子认真地练习演讲，互相模拟提问……

闯过了重重难关，最后孩子们都会获得工作。饭后，我会和孩子们围坐在一起，让孩子们发表自己的感受，最后再通过真实的故事告诉他们：世界不会一直哄着我们，只要自己不放弃，早晚都能取得成功。

第14章　有了目标与责任才会有未来

14.1　做人必须要设定目标

人的一生，始终与目标相伴。比如，你想考上好的学校，就要努力学习；想获得不错的收入，就要努力工作；想获得健康，就要注意饮食及运动。

"树无根不长，人无志不立"，做人必须要设定目标。目标可分为长期目标、短期目标、当天目标。长期目标是人生大方向，是可以进行调整的；短期目标，比如要考上哪所学校、下一次的考试成绩要提高多少分等；当天目标便是当天要完成的任务。

阶段性的目标要设定得小一些，因为目标越小越容易实现。比如，你可以将写整齐一个汉字的一笔一画当成目标，也可以将掌握一个单词当成目标，还可以将读完一本书当成目标。我们可以试想一下，坚持两年下来，这个目标是小还是大？长远的目标则要设定得大一些，越大越有动力。比如，如果你只想把橘子卖给路人，你努力的方向便是一斤一斤地卖。但是，如果你想把橘子卖给超市，甚至是销往某个城市、某个国家呢？

从古至今，有很多的有志之士都是受到了父母的影响，从而定下了人生的大目标。成功与否，关键还在于目标能否落实。家长若能对孩子的目标不断加以落实，孩子未来实现目标的机会也会更大，因为家长在孩子的思维里种下了"可能性"的种子。

此外，正面暗示也可以推动目标的实现。1968年的某一天，美国著名心理学家罗森塔尔和雅各布来到一所小学，说要进行一个实验。他们从一年级至六年级中各选出3个班，在这18个班的学生中进行了一次煞有介事的"未来发展趋势测验"。

测验结束之后，他们给每个班级的教师发了一份学生名单，并且告诉教师，根据测验的结果，名单上列出的学生是班上最有发展空间的人。出乎很多教师意料的是，名单中的孩子有些确实很优秀，但也有些平时表现平平，甚至有些表现较差。

对此，罗森塔尔解释说："请注意，我讲的是他们的发展空间，而非现在的情况。"8个月后，罗森塔尔和雅各布又来到这所学校，并对那18个班的学生进行了复试。奇迹出现了，他们提供的名单上的所有学生的学习成绩都有了显著进步。

这就是著名的期望心理实验。其实，他们提供的名单都是随机挑选的，罗森塔尔根本不了解那些学生的情况。虽然教师们保守着这张名单的秘密，但在上课时，他们还是会忍不住给予这部分学生更多的关注。在潜移默化的影响下，名单上的学生越来越优秀了。因此，家长们应学会多给孩子正面暗示，帮助孩子实现其人生目标！

14.2　受刺激后获得成功的普通人

某人因受到一定的刺激，然后发愤图强从而获得成功的例子比比皆是。

虎哥当年到上海打工，找了一份当保安的工作。老家的人聚在一起闲聊时，有个人嘲笑虎哥道："那么瘦还做保安，一阵风都能把你吹倒了！"受到这句话的刺激，虎哥坚持健身与练武术，后来开了好几家健身馆，让父母过上了好日子。

小菊在 14 岁的时候受到了来自亲戚和老师的双重刺激。当时她的成绩处于中等水平，有一次春节回老家，小菊的叔叔嘲笑道："小菊能考上个高中就不错了，咱们家读名牌大学的希望只有靠小铁（小菊的堂弟）了。"

小菊的老师也有一次在课堂上说："中考没希望又不努力的人，回家该好好锻炼一下洗盘子了。"老师的这番话让她想起了叔叔所说的话，不由在心中升起了一股巨大的愤怒。好在她将这股愤怒转换成了动力：每天早上五点起床记单词，利用乘坐公交车的时间学习英语，并在课余时间见缝插针地做题。一年多后，小菊以全区第三名的成绩考入了当地最好的高中。

这两个主人公都实现了自己的目标，他们最初的动力都来源于刺激。所以，家长应告诉孩子：当遭遇嘲笑的时候，没必要逃避，而是要踩着这些嘲笑漂漂亮亮地站起来！

14.3 责任感使他们更有担当

几年前，我听过一位企业家的经验分享，他说："我最感谢的就是'责任感'三个字，因为这三个字成就了我的人生。"

他是家里的老大，还有两个弟弟和一个妹妹，小时候住在漏雨的房子里，一天只能吃两顿很稀的野菜饭。后来，他的父亲因受伤做不了重活，家里生活越发艰难了。扛起生活重担成了他的责任，无奈之下他只能辍学挣钱。靠苦力挣的钱实在太少了，家里依然入不敷出。他只好向亲友借了一些钱，开始摆摊做小生意。在他的努力下，生意越做越好，家人的生活及弟妹的学费都有了着落。

后来他开了公司，公司做起来之后，便想着要把弟妹带出来，让他们也能过上好日子。终于，弟弟妹妹也在大城市安了家。接着，带领公司成百上千号的员工创出佳绩又成了他的责任。就这样，在责任感的推动下，他成了成功人士。他由衷地说："责任感是成功的基石。"

强烈的责任感还可以让人振作起来。依倪是个贪玩的女孩，中考成绩很糟糕，父母花了高昂的学费才让她进了一家私立高中读书。高二的寒假，家里的工厂与酒楼接连倒闭，房子被法院查封，他们借住在姑姑家的仓库里。那段时间爸爸酗酒、妈妈哭泣，依倪却突然长大了，扛起了家里责任。她学着为爸爸妈妈做饭，还设法逗他们开心。爸爸妈妈被女儿的行动感动了，决心重新振作起来。

14.4 责任感被剥夺，使孩子步履艰难

阿亭是独生子，出身于小康家庭，但父母总是为阿亭包揽一切。高中毕业后，阿亭不肯上学了，父母就为他安排了一份不错的工作。不到一年，他便无心上班，跟一帮社会青年混在一起喝酒赌牌，不务正业。

父亲在阿亭伯伯的建议下送他去当兵。两年的部队生活改变了阿亭，使他变得有担当。退伍后的阿亭早起跑步，平时帮家里搞卫生，读书学习，积极找工作。这时候，父母又发话了："孩子，我们拿钱给你做生意，

让你当个小老板。"

几经选择他开了洗车行。刚开始还好,他不怕苦不怕累,老老实实做生意。可做着做着他迷上了打麻将,后来干脆请几个工人干活,自己不再动手。不到两年,阿亭因打麻将连本带利亏了个精光。父母又扶持他开烟酒店、男士服装店,但都无一例外全部亏本。

于是父母要他自己出去找工作,在换了好几份工作之后,他继续找父母要钱投资做生意。这次父母真的拿不出钱了,可阿亭坚决不相信,认为是父母不支持他。

从那以后,阿亭的脾气越来越急,人越来越懒,还整宿打牌。父亲一骂,他更烦躁了,冲动之下竟然砸了家里的锅。母亲目睹这一切,对阿亭失望极了,选择了跳楼轻生,好在他家只在二楼,母亲被楼下的棚子挡了一下,捡回一条命。

在这之后,父亲给阿亭看了家里所有的储蓄账户,余额竟不足一万元,而且家里还欠了亲戚朋友不少钱。父母没日没夜地干,只为了帮他多存点积蓄。说到底,阿亭就是被父母惯坏了,他们剥夺了阿亭的责任感,使他成了让父母心寒的人。但愿阿亭可以通过这个教训真正长大,扛起对家庭的责任。

不少家庭不让孩子了解家里的真实困难。孩子看见的是不错的环境,却不晓得父母的不容易;看见的是啥也不缺,却不晓得家庭经济紧张。如此,孩子活在虚假的富有里，于无形中助长了孩子对父母的无度索取。

阿军才15岁，已经成了妈妈的好助手。阿军的爸爸在国外工作，一年才回来一次。奶奶一受刺激就激动，就会乱骂人。妈妈不仅要工作和做家务，还要照顾刚上幼儿园的小女儿。

阿军的妈妈选择将家里的困难讲给阿军听，并表达了需要儿子的支持。在奶奶激动的时候，阿军会哄奶奶开心。在妈妈忙不过来的时候，他会主动帮妈妈带妹妹。借用阿军妈妈的一句原话："有这么好的儿子，啥气都消了。"

责任感是幸福的基础。人要对自己负责任，对家庭负责任，对婚姻负责任，对孩子负责任，对工作负责任，对社会负责任，对国家负责任，对人类及自然环境负责任。

14.5 家国责任是幸福的基础

记得曾经有个参加夏令营的男孩，他在国外待过几年，小小年纪竟然有不少的偏见："中国人没有独立思考的能力……"我问他这些话在哪里学的？他说国外都这么说。我严肃地告诉他："孩子，国外的评价并不全是你说的这样。虽然确实有人心存偏见，但那只是少数。哪个国家、哪种文化，都有不足之处。"

之后我迅速给男孩的爸爸打了电话，我非常认真地跟男孩的爸爸沟通了这件事，并且特别强调："正是因为有了国家的支持，你们的公司（他们家在深圳开了一家公司）才办得起来。千万不能让孩子一边吃着大米饭，一边嫌弃种粮食的爹娘。"男孩的爸爸听后马上表示一定要好好教育孩子。

哪有什么岁月安好，不过是有人替你负重前行。比如疫情期间逆流而上的医护人员、在洪水中奋力救援的军人。如果没有家国责任感，他们怎么可能拼了命地护我们周全？20世纪70年代，我的老家经历了特大洪涝灾害。听我的爸爸说，正是国家派车派船救了乡亲们。

作为普通民众，我们也应当扛起家国责任！不一定要做什么轰轰烈烈的大事，只要心怀感激，尽可能地向社会大众传播正能量，这便是了不起的家国责任。

责任感看似是付出，实际上也是收获。多少成功的企业家，正是因为有了家国担当才得到了社会的支持，从而获得了成功。

第 15 章 夫妻分开对孩子影响大吗

15.1 轻率离婚，追悔莫及

小翘对丈夫有一些抱怨，说他不太会体贴人。因一次口角之争，她坚决地离了婚，并表示不会后悔。

离婚之前，小翘可以放心地出差与旅游。离婚后，她再也不能随时出远门了，因为前夫去了另外一座城市工作，她现在得自己接送孩子。后来，小翘又谈过两个男朋友。第一个男朋友在一家公司做高管，几个月后两人以分手告终，小翘受不了男朋友总是吸引莺莺燕燕的目光，对方也受不了她的猜疑审问。第二个男朋友是一名架子鼓老师，开了一家才艺中心，但生意惨淡。他不仅经济上靠小翘贴补，还时常发脾气，并且"好为人师"，不是说教小翘就是说教孩子。孩子与他的关系处得非常僵。

这时候，小翘终于想起了前夫的好：虽然嘴巴不会哄人，但经常为他们做饭，也能分担家务；虽然没有大的本事，但也让他们衣食无忧。她的心中刚有了一丝与前夫和好的念头，却听说那个老实巴交的前夫要结婚了。

有一次孩子在爸爸那边小住，回来后告诉小翘：阿姨怀孕了，他们家都是爸爸做饭。小翘气不打一处来，发信息过去对前夫一顿臭骂。从那以后，前夫干脆躲着小翘，有重要的事情通过孩子传达。小翘的情绪越来越不稳定，抱怨越来越多，经常在孩子面前讲爸爸的不是。孩子也越来越急躁，并多次表示长大以后不结婚了。轻率离婚的小翘，现在后悔莫及。

相关统计表明，在离婚人群中，因冲动而离婚的比例越来越大，由此带来的遗憾也越来越多。我们在此呼吁每一对夫妻，别轻易地给婚姻判死刑，给彼此一些时间，还自己一份冷静。

15.2 如此，不如分开

小锁嫁了个双面性格的人。他日常对小锁好得不得了，给足了她在姐妹圈里的面子，但脾气上来的时候犹如一头野兽，对小锁拳打脚踢。孩子时常被爸爸打妈妈的场景吓到，内心总是充满了恐惧。

但是，小锁每次都选择原谅丈夫。小锁的孩子因此患上了重度抑郁症，不跟外界交流，常常自我伤害，在医院治疗了一段时间后，情况才稳定了下来。

孩子出状况后,她终于下定决心与丈夫分开,并且给丈夫写了一封情真意切的信。信中说明了如果两人继续在一起可能会毁了孩子,同时,她也温情地建议丈夫正视心理状况,接受专业指导。

如果在一起毫无幸福可言,甚至会伤害彼此,不如放过彼此。心灵上的解放才是更大的解放。

15.3 单亲家庭里的阳光少年

单亲家庭有父母离婚、未婚父亲母亲、一方离世或离家多年等情况。

有的孩子因父亲/母亲未婚而自卑,有的孩子因父亲/母亲未婚而骄傲;有的孩子因父亲或者母亲的离开而消沉,有的孩子却因此迅速担起责任,变得强大;有的孩子长大以后复制了父母的不幸福,有的孩子长大以后却勇敢地创造幸福的婚姻。

有人说,心理不健康的孩子大都源于单亲家庭。其实不然,真相应该是心理不健康的孩子大都源于养育者心理不健康。

单亲家庭里有很多阳光少年,小向就是其中之一。虽然父母离婚很多年了,但妈妈从不剥夺他与爸爸相见的权利。妈妈在他面前从不说爸爸的坏话，并且总告诉他："爸爸和妈妈曾经相爱过，后来有了不同的选择而分开，这是我们的事情。你永远都是我们的宝贝，我们对你的爱绝不减少。"有这么一个乐观且直爽的妈妈，小向快乐又阳光。

第16章 留守孩子也可以幸福成长

16.1 只要父母用心，孩子在外地也可以获得陪伴

小何一直跟父母住，但爸爸不是做生意就是跟朋友喝酒，几乎没跟小何谈过心。妈妈倒是经常在身边，但几乎没有什么亲子活动，只喜欢与一群人聊家长里短。孩子在父母身边，可是脸上却看不到笑容。若父母对孩子不上心，即使天天在一起，也给不了孩子安全感与爱；若父母对孩子上心，哪怕孩子不在身边，也可以给予孩子安全感与爱。

福妞在3岁半的时候就被爸妈放在了外婆家。当时福妞妈妈万般不舍，但福妞外公说的几句话给了她支撑："毛爷爷与朱爷爷还是领导人呢，他们当年把孩子拴在身边？当今的企业家们，有几个能天天陪着孩子？他们的娃娃心理就不健康了吗？"

为了更好的生活，福妞妈妈必须奋斗。在那段时间里，无论多忙，她每天都会抽出时间给孩子打视频电

话，或者唱歌或者讲故事。那时，她说得最多的是"妈妈要去工作喽，把你装在心里哦。无论在哪里妈妈的心里都会装着你哦"。后来，福妞也像模像样地回应，"我要去游乐场喽，把妈妈装在心里哦。无论在哪里我的心里都会装着妈妈哦"。

每次与妈妈相聚再分开时，福妞也会难受几天，比如躲在被子里哭。这时，福妞外婆会把她搂在怀里，说："我们可以每天跟妈妈视频，妈妈很快又能回来了。我是妈妈的妈妈，你妈妈就是我抱大的，我抱着你跟妈妈抱着你是一样的。"

6岁时，福妞回到了爸妈身边，现在她已经上六年级了，是个阳光丫头。当妈妈问起她这段留守经历时，她说："上幼儿园大班时我会难受一下，不过好像很快就能高兴起来。"福妞的外公、外婆也很擅长引导福妞，他们常说："有一个会讲故事的妈妈，你真幸福。"福妞在外公、外婆身边时过得很快乐，她的眼睛里都是光。

16.2　留守儿童会过得越来越好的

客观地讲，留守儿童存在的问题确实会多一些。比如留守儿童的行为问题、留守儿童的情绪问题、留守儿童的安全问题、留守儿童过早社会化的问题、留守儿童与老人的相处问题等。

我个人对留守儿童的状况持乐观的态度，原因是：

（1）其身边同学的情况大都相似，心理不会严重不平衡。

（2）家长的素养普遍都提高了。

（3）国家非常重视少年儿童的心理健康，学校一般都配有心理老师。

（4）关注少年儿童心理健康的老师越来越多。

（5）网络及视频的普及方便了亲子远程交流，这些孩子的沟通需要与安全感从而得到了满足和提升。

（6）国家的扶贫政策使许多偏远地区的学生也有了不错的学习环境，而且在朝更好的方向发展。

有些留守儿童通过自己的努力，一样取得了不错的成绩。比如，留守女孩钟同学的父母常年在外务工，在农村跟着爷爷奶奶长大的她，通过自己的努力取得了优异的高考成绩，以 676 分的好成绩考上了北京大学。

16.3 妈妈的一封信，将留守的孩子带上了正道

在我多年前的一次现场课上，很多家长都向我们咨询日常的育儿问题。有位妈妈走上讲台，哭着说："你们知道我有多羡慕你们吗？羡慕你们可以让孩子待在身边，羡慕你们可以问这么多关于日常育儿的问题。"

她的话让在场的所有人陷入了沉思。接着，这位妈妈问道："儿子在老家读书，初中二年级便结交了社会

上的人，有参与打架的苗头，该怎么办？"

在我的建议下，她给儿子写了一封信，信的内容大致如下：

亲爱的儿子，爸爸妈妈想你了，你是我们的宝贝，无论多大都是。在我们工作累的时候，一想到你的笑脸，疲惫便一扫而空。可是，前几天接到了奶奶的电话，爸爸妈妈犯愁了。你爸爸是个有泪不轻弹的男人，却在听说你跟社会上的人混在一起后而抹眼泪。妈妈也是整宿没睡，咬咬牙花钱咨询了心理老师。

我们担心你呀！担心你会因为交友不慎而误入歧途。支持你走光明路的朋友是真朋友；拖你下水，带你干冲动事的是假朋友。在法治的时代，聪明的人用智慧解决问题，愚蠢的人才用武力解决问题。

孩子，好奇心人人都有，你如果把好奇心花在学习或者运动上，爸妈一定支持你。但万万不能再接触被人们唾弃的"江湖风"呀！我们相信你能懂。爸妈也要向你说对不起，之前对你的关心不够。以后，无论在生活上或者学习上遇到什么事，希望你都能跟我们沟通，爸爸妈妈学着陪伴你、理解你。如果有些话不方便跟我们聊，你还可以找班主任老师，他很乐意帮助你。当然，你也可以跟高中的堂哥聊，多个人总会多个办法的。暑假很快就要到了，爸爸会回去接你过来，我们一家人过个愉快的暑假。爸爸妈妈相信你会有分寸的，我们爱你，加油！

孩子接到这封信后，很快便远离了那些社会上的"朋友"，生活回归了正常。被爱滋润的孩子，无论是否

留守儿童都可以幸福成长。作为留守儿童的父母,要注意以下几点:

(1) 定期与孩子谈心。

(2) 避免给予孩子过分的物质补偿。

(3) 不苛刻孩子的正常开销,避免产生匮乏感。

(4) 与老师保持联系,及时掌握孩子近况。

(5) 多沟通,少说教。

(6) 常对孩子说:我知道你行!

第 17 章　青春期的孩子要注意哪些问题

17.1　情绪[①]释放非常必要

无论是亲子关系紧张、同学关系矛盾，抑或是师生关系对立，它们背后都有情绪的影子。

我经常带孩子们体验一些合理排解情绪的小方法，比如，一边蹦一边双手往上推，边推边说："滚蛋吧，压力！滚蛋吧，烦恼！滚蛋吧，坏心情！"孩子们非常投入，直言这比说道理有用多了。他们在将情绪释放了以后，一般都可以静下心来学习。是的，将情绪一直积压着才可怕，一旦爆发很容易做出难以挽回的极端行为。

家长要允许孩子健康地将情绪发泄出来，之后我们才能与孩子进行有效的沟通。喜怒哀惧乃是人之常情，若只能接受孩子懂事的一面，而不接受孩子有情绪的一面，

[①]　本小节中所讲的情绪专指负面情绪。

这是对人性的压制。不允许孩子有情绪，就相当于不允许天空会下雨，不允许世界有黑夜。无论你接受不接受，天空依然会下雨，黑夜依然会来临。正如下雨了要打雨伞，天黑了就要休息，孩子有情绪就应该加以引导。

家长接受了这个事实，就不会在孩子情绪爆发时与他对立了。而是应该等孩子冷静后，引导孩子找到问题的解决之道：
（1）是什么原因造成了这个问题？
（2）还能找到更好的解决办法吗？
（3）从这件事情里你收获了什么？
（4）下次遇到类似的事情，怎么做会更好？
（5）需要父母或者老师给予你什么帮助？

这个流程下来，孩子的情绪也可以基本稳住了。事实上，90%的亲子矛盾，都是由"不允许"三个字造成的。家长不允许孩子有偶尔的烦躁和情绪，不允许自己有偶尔的烦躁和情绪。当家长允许有情绪了，烦恼就能化解90%。情绪来了就来了，发生了就发生了。无论是你的情绪还是孩子的情绪，释放出来才是健康的，压制反而不健康。

然而，现在的家庭教育被一些"专家"带歪了，很多人将过分的平和当成了目标，从而掩盖了人有喜怒哀惧的自然现象。为什么越来越多的人表面看起来有修养，却在看不见的角落有戾气？就是因为他们的情绪被压制了。若还没有修心到非常高的阶段，作为普通人，健康疏通很重要。

17.2　家长忽视生理教育给孩子带来的伤痛

对于生理教育，家长不必遮遮掩掩。比如，爸爸可以直白地与男孩沟通：生理反应与遗精是正常情况，说明你是个健康的男孩。如果难受至无法自控，可以通过跑步、打球、引体向上等运动进行排解。妈妈则可以直白地与女孩沟通：胸部发育与月经来临，是女孩子们的幸福礼物，如同花儿绽放。同时，更要好好珍惜自己，爱护自己。如今，偷尝禁果的少男少女不在少数，流产年龄甚至低至 12 岁，有一些还是父母及老师眼中的好学生。有的孩子，由谈恋爱开始一步步越入雷池；有的孩子，因为交友不慎而被蒙骗。

家长有必要给青春期的孩子"打预防针"：正如果实还没有成熟便吃，一定苦涩无比。男女结合也是如此，若双方未到心智成熟的年龄便提前经历，不仅没有幸福可言，还会给双方带来严重的伤害。

网络上的涉黄内容害了无数孩子，但很多家长还被蒙在鼓里。有段时间，我频繁接到青少年浏览黄色漫画的咨询，才发现这"毒药"已经蔓延。更让人心痛的是，孩子们不以为然，认为只是看看而已，没什么大不了。

16 岁的阿本在 QQ 上认识了一个善解人意又漂亮的

小妹妹。小妹妹说自己 13 岁,两个人在网上热火朝天地聊了一段时间。有一次情到深处,小妹妹在视频里给阿本看了自己的身体。她说,早晚都是阿本的老婆,不怕给他看。阿本脑门一热,人家女孩子都如此付出了,自己还有什么可保留的?于是也把自己的身体对着镜头,还说了一番不堪入耳的话。

谁知道第二天,这小妹妹就变成了一个莽汉,他把阿本不堪入目的视频发了过来,威胁阿本转两万元钱到某账户,否则就将视频发给阿本的家人与同学。阿本没办法也不敢告诉父母,只好去偷钱,然后被抓进了派出所,事件才浮出水面。家长可以将阿本的故事,还有裸照贷款等作为案例讲给青春期的孩子听,增强孩子的防范意识,多设一道"防火墙"。

有些孩子确实互生好感,家长要帮助他们自我约束:若过早定终身,万一以后遇到更合适的呢,万一对方长大以后想法变了呢?如果是经得起考验的真爱,彼此会互相珍惜,把最美好的初体验留到成年以后。家长要告诉孩子:但凡打着爱的旗号而越雷池的人,一定不是真的爱你!换句话说,一个不能自我约束的人,值得你爱吗?

自我约束不仅体现在恋爱上,还体现在交友与娱乐上。远离思想不健康的朋友是自我约束,拒绝参加低俗的活动是自我约束,自尊自爱是自我约束。家长在家庭氛围好的时候,可以把以上的内容与孩子聊一聊,其具有一定的教育意义。

17.3 学习与人生的关系

有一些人逃避了学习上的苦，走上社会以后却吃了更大的苦。放放是个聪明的孩子，脑袋瓜转得特别快。初三最后一个学期，因为学习压力大，他想尽一切办法来逃避学习。

在各种闹腾以后，父母终于随了他的心愿，只要孩子健健康康的，书不读就不读吧。在家里玩到了16周岁，放放去找了一份销售的工作。现实里，没有出现他想象的大把钞票，更没有出现他想象的只要脑筋转得快，没有学历一样行的工作。取而代之的是粗糙的伙食，以及卫生堪忧的集体宿舍。3个月不到，他又求父母把他送进技校，说已经想通了，要拿大专文凭。回到学校，他并没有发愤图强，而是混一天是一天地过日子。有吃有喝有得玩，这比打工舒服多了。

这一切，在放放父亲突然中风之后就变了。父亲生病，母亲要照顾父亲，家里顿时没有经济来源。再也混不下去的放放，又回到了社会去打工。因为在技校没有好好学技术，为了生存，20岁出头的他只能进工地干活。如今，他时常为当初逃避学习而后悔。

山再高总能登顶，路再远总能到达。正如李克强总理对青年学生们说过的话："不管你们将来从事什么职业、有什么样的志向,一定要注意加强基础知识学习,打牢基本功和培育创新能力是并行不悖的,树高千尺,营养还在根部。把基础打牢了,将来就可以触类旁通,行行都可以写出精彩。"[1]

17.4 家长的价值观对孩子的影响

青春期是树立价值观的最好时光。小妮的父母认为,女孩子只要嫁个有钱人就行了。小妮的大表姐学历不高,但人长得漂亮,做生意很有一套。小妮时常听到父母说大表姐的命好,语气里透着满满的羡慕。而小妮的二表姐研究生毕业后,拒绝了家里为她安排的亲事,嫁给了与她一起奋斗的同学。小妮的父母时常说这个二表姐不现实,学历高但挣钱少。

这些价值观在无形中传递给了小妮,她从高中起就不拿读书当回事,而是在如何吸引"高富帅"上下功夫。小妮谈过的男朋友已达两位数了。20多岁时,小妮有身材与脸蛋的资本,不断地挑剔、不断地分手。

在37岁的那一年,小妮嫁给了一个收入一般的男人,习惯了高消费的她根本过不了这种普通日子。她太

---

[1] 《李克强提醒青年学生:不管将来从事什么职业,一定要注意加强基础知识学习》,见环球网(https://baijiahao.baidu.com/s?id=1693928754237961676&wfr=spider&for=pc)。

渴望钱了,在坏人的引诱下,她接触了电信诈骗。她在网上同时跟不同的人谈恋爱,诈骗了几十个男士。如今的小妮已锒铛入狱。

如果小妮的父母有正确的价值观,孩子也不至于走到今天。还有很多父母跟小妮的父母一样,认为女孩子只要嫁个有钱人就足够了。殊不知,他们的这种观念会不自觉地植入女儿的潜意识里。这使得他们的女儿在找伴侣时,往往过于注重物质而忽略了对方的性格与内涵,因而很难得到真正的幸福。

也有些父母认为男孩子会挣钱就行了,读不读书无所谓。他们的这种观念也会不自觉地植入孩子的潜意识。他们的孩子在读书时,往往对学习抱着无所谓的态度,在走上社会后才追悔莫及。

第 18 章　教会孩子远离校园暴力

18.1　触目惊心的校园暴力

在互联网搜索引擎上输入关键词"校园欺凌",搜索到的内容让人触目惊心。

一名初二女生被多人殴打,现场监控显示,几名女子将这名女生摁在马桶里用脚踩、打耳光、揪头发、踹肚子。

某地也曾发生过一起校园欺凌的惨案,一名 15 岁的初三男生在这起校园欺凌中失去了宝贵的生命。为了保护一个初一的男生不受欺凌,这名男生好心劝说施暴者,不料却遭到了施暴者的记恨。施暴者伙同社会人员将他打伤,最后因抢救无效离世。这是多么令人悲痛!

电影《少年的你》讲述的就是校园暴力,引起了社会的关注。这些年全民抵制校园暴力,教育部也下定决心要遏制此类事件的发生。这一系列的努力取得了不错的效果，有关校园暴力的事件越来越少。

但是，越来越少不等于没有，对于大数据来讲这只是个小概率，可对于一个家庭来讲却是百分百的灾难。所以，教会孩子不施暴，教会孩子不被欺凌，这非常重要。

18.2　施暴者的性格特点

施暴者一般有以下特征：
（1）性格冲动。
（2）曾被家人或者被他人施暴。
（3）沉迷暴力的电子游戏。
（4）有盛气凌人或者江湖气息浓的家长。
（5）没有接受过法制教育。
（6）缺少主见，人云亦云。

除了上述特征，他们往往稍微遇到一点事情便容易爆发，比如被老师批评、被同学说两句等。施暴者的心理一旦失去控制，便一发不可收拾。

关于青少年犯罪，法律也在不断完善。《中华人民共和国刑法（2020年修正）》第二章第十七条规定："已满十二周岁不满十四周岁的人，犯故意杀人、故意伤害罪，致人死亡或者以特别残忍手段致人重伤造成严重残疾，情节恶劣，经最高人民检察院核准追诉的，应当负刑事责任。"这意味着在"特定情形、特别程序"的前提下，12 周岁至 14 周岁未成年人同样要承担刑事责任。

　　预防胜过祈祷，家长应注意以下几点：
　　（1）训练孩子克服冲动的能力，比如常听静心音乐获得平静，经常运动释放多巴胺，冲动时先用手蒙住脸低下头安静 133 秒或数 133 个数。
　　（2）家长要学会跟孩子正确沟通，不要使用或者减少使用刺激性语言，万一没忍住，事后一定要向对方道歉并修复感情。家长多关注孩子的情绪，如果发现孩子突然不说话了或者脸色难看，要及时关心与疏导，不给被暴力者升级为施暴者的机会。
　　（3）家长要关注孩子的游戏内容，如果发现暴力游戏应及时喊停。
　　（4）盛气凌人、不懂得尊重他人的家长，特别容易培养出施暴的孩子或者反社会人格的孩子。家长务必自我修正，否则会影响甚至害了自己的孩子。
　　（5）家庭、学校、社会要常常进行法制宣传活动，让孩子知法、学法、守法。家长更要亲自给孩子上课——教唆你伤害别人的不是朋友，而是将你拉下悬崖的坏人。
　　（6）家长要培养孩子独立思考的能力，可以借用历史人物或者身边的事情，引导孩子从不同的角度看问题。如此，孩子便不会迷失自己，人云亦云地去做坏事了。

18.3 如何让孩子远离校园欺凌

如何让孩子远离校园欺凌呢？家长要告诉孩子以下几点：

（1）做一个说话柔和的人，语气习惯性不好或者爱骂人的孩子，更容易引来暴力。

（2）不要做喜欢打小报告的学生，确实需要投诉的，应在保护好自己的情况下告诉老师。

（3）无论遇到什么事情，保护当下的安全最为重要，到了安全的环境后，一定要告诉父母或者报警，法律可以很好地保护你。

（4）应避免一个人走在偏僻的地方，时刻具备安全意识。

（5）不要跟性格冲动的人开玩笑或者斗嘴，远离学校及社会的施暴者。

（6）帮助他人时应首先保护好自己，而不是盲目讲义气。

整个社会齐心协力，相信校园欺凌现象一定会被遏制住。

第 19 章　守护孩子们的生命安全

19.1　现在的孩子到底怎么了

某地一名初三女生，从高楼上跳了下来，不少人目睹了惨剧。据说，这个孩子在出事之前有非常明显的表现，甚至跟家长说过自己有轻生的念头，但没有引起家长足够的重视。

还有那个犯了错误，被母亲当众掌掴的少年，他选择从学校的楼上一跃而下。更有被家长没收了手机而轻生的学生，因作业被老师批评而轻生的学生……桩桩都让人揪心无比。

这几年，总听到一句话——"现在的孩子到底怎么了？"这种焦虑弥漫在各个微信群、各个小区、各所学校。

19.2 如何避免孩子产生极端想法

实际上,家长不必过于恐慌,如果孩子被老师批评了或者考试没考好,家长一定要告诉他三句话:

(1)负责任的老师才会与家长沟通,才会批评你,证明老师仍然关心你。

(2)胜败乃是兵家常事,这世界上没有常胜将军,我小时候也有过这样糟糕的经历,失败了再站起来就好了。

(3)爸爸妈妈愿意陪你找到退步的原因,咱们一起努力,赢得下一次的胜利,我们对你的爱永远不变!

如果学生犯错了,老师可以这么办:

(1)该批评的应批评,对事不对人。

(2)批评后可以做一个情感上的"修复":我小时候也犯过错,幸好遇到及时指出我问题的老师。我今天指出你的问题,是因为……老师相信你能做得更好!

(3)与家长沟通时,不要直接甩出学生的问题,这样容易激起家长对孩子的恼怒,从而导致极端行为。可以如此与家长沟通:我知道你们也用了很多心(降低家长的对抗与愤怒),孩子最近还是有一些进步的,比如……为了孩子更上一层楼,我把孩子最近的状况与你沟通一下……希望我们共同想办法帮助他,而不是打压他的信心。

很多做老师的朋友对我讲:自从用了这种沟通方式

以后,自己的内心越来越平和,家长的配合度越来越高,学生的进步越来越大。当然,这么做以后,极端事件也越来越少了。如此,老师与家长便共同为孩子们创造了安全环境。

19.3　家长与老师气不过怎么办

若不与孩子"硬碰硬",家长与老师气不过怎么办?

(1) 启动"呼吸隔离墙":每吸入一口气都想象自己多了一些冷静,每呼出一口气都想象建立了一道"保护墙"。随着不断地体会呼吸,越来越冷静,"保护墙"越来越厚。

(2) 脾气急的家长与老师,可以在手背或者手心贴上一个平静水面的图片,急躁的时候看看它,能帮助你平静下来。

(3) 如果环境允许,家长或老师可以先洗个脸再放上轻音乐并静坐下来,慢慢地呼吸,直到内心平静。

(4) 家长千万不要刺激处于激动中的孩子,等孩子的情绪平稳后再进行沟通;家长也可以向更有经验的亲友或老师请教,学会有效沟通。

(5) 家长可以先离开争执空间,然后通过捶枕头或者运动等来排解自己的情绪。

(6) 一旦家长/老师实在没忍住与孩子争吵后,千万不要留孩子单独在家/教室,或者让孩子单独出家门/校门;而应立刻启动安全保护的"按钮":可以先向孩子道歉表达你也有错,并表达你愿意跟孩子共同克服。

19.4 避开以下情况,孩子就不会产生极端行为

会发生极端行为的孩子无外乎有以下几种情况:
(1)父母严重对立,互相反对。
(2)离异后,养育孩子的一方恨意太浓。
(3)父母情绪不稳定或者待人冷漠。
(4)缺少坚定的家规,孩子沉迷网络。
(5)在家里没接受过"抗挫折"训练。比如,被人误会了应该怎么办,被人刺激了应该怎么办,被人伤害了应该怎么办?
(6)家庭成员不懂得如何正确沟通,把孩子养成了说话带刺的习惯,而说话带刺最容易引起误解。
(7)孩子未能认识到放弃生命后对家人造成的巨大伤害。
(8)家庭成员过度固执与好强。
(9)家庭成员溺爱孩子。
(10)家庭成员用语言刺激孩子。
(11)家庭成员当众让孩子难为情。

要化解以上情况,父母应做到以下几点:
(1)父母请在孩子面前,用真心肯定另一半的付出。
(2)为了孩子的身心健康,父母不要在离异后总是抱怨前夫/前妻。

（3）父母调整自己的心态，找回内心的爱。

（4）父母制定家规，不允许孩子长时间独立拥有手机，做好预防孩子沉迷网络的工作。

（5）在家里对孩子进行抗挫折演习。比如，被人误会了怎么办，被人刺激了怎么办，被人伤害了怎么办？

（6）父母以身作则，想想自己说的话时常让人讨厌还是招人喜欢？学会友好沟通。

（7）父母让孩子试想一下一个家庭如果失去孩子后的巨大痛苦。

（8）为了孩子的身心健康，家长要学会合理让步，学会从容。

（9）父母对孩子进行合理惩罚与合理批评。

（10）父母不要用语言刺激孩子。

（11）父母不要当众让孩子难为情。

在我们的同心协力下，相信孩子们一定会身心健康，阳光成长。

19.5 如何让患抑郁症的孩子得到康复

2020年有数据显示，我国有24.6%的青少年患有抑郁症，重度率为7.4%。由青少年抑郁带来的家庭次生问题，包括父母抑郁、家庭离散、学业与事业受挫等。

青少年产生抑郁的常见诱因有以下几点：

（1）父母经常争吵，亦经常对孩子发脾气。
（2）孩子学业压力过大，无法面对挫折。
（3）孩子知识面杂而不精，陷入认知困境。
（4）孩子因逃避困难而模仿抑郁，结果弄假成真。
（5）遗传性因素。
（6）生理性因素。
（7）孩子遭遇创伤。

一部分因抑郁而走向极端的孩子，几乎都经历过不被父母重视的遭遇。而父母认为孩子是小题大做或者是装的——这是最危险的态度。为此，中央广播电视总台还专门拍了纪录片《我们如何对抗抑郁》。

患抑郁症的人会情绪低落一段时间，继而又暴躁一段时间，他不是折腾而是无法自控；他不是不想运动、不想搞卫生，更不是懒惰，而是肌肉不听使唤，连走几步路都需要很大的力气，严重的时候会不由自主地想轻生。他就像被什么东西在召唤，忍不住地想那么做，又在瞬间清醒时与这个念头做斗争。他们的每一次表达，都是在求救。来自家人的理解、信任、陪伴和鼓励，就是最好的药。

有的父母刚开始不相信，直到后来孩子严重的时候，才开始紧张起来，才开始到处寻医问药。有的父母折腾一段时间后，又没耐心了，认为自己尽力了，或者认为孩子就是故意的，甚至认为是另一半造成的。于是，家里乱成一锅粥，而徒留抑郁的孩子独自走在心灵的钢丝上。

让患抑郁症的孩子走向康复，可以尝试用以下几个方法：

（1）不要回避看医生，该用药用药。什么时候停药听医生的，父母不要自以为是、擅作主张。

（2）无论如何，不要将孩子的行为定义为懒惰与闹腾，不要怀疑孩子是装的；就算是装的，也说明孩子的心理需要呵护了，而你的漫不经心容易让孩子弄假成真。

（3）父母应静心、修心，放下互相指责，真心合作。家庭才是孩子最安全的港湾。

（4）全家一起看励志电影、电视或者书籍。

（5）父母多对孩子说：没事，咱们慢慢调整。当父母充分接纳孩子以后，孩子将内心的痛苦释放得差不多的时候，99%的孩子都会勇敢地站起来。

（6）当医生认为可以给孩子配合着做心理咨询时，父母应首先调整好自己的心态。然后，再给孩子约见心理咨询师，帮孩子找到抑郁的原因，打开孩子的心结。

（7）调整家庭的能量场，比如，放些轻音乐、买些鲜花、点些香薰。从青少年患抑郁症的数据来看，女生患病比例较高、成绩优秀者患病比例较高、家庭不和谐者患病比例较高、任性的孩子患病比例较高、遭受过创伤事件的孩子患病比例较高。因此，父母应多关注女孩的心理状态；应教育孩子对成绩有正确的认知；应创造和谐的家庭环境、培养孩子健康的性格；在孩子受到创伤后，应给予孩子更多的陪伴与温暖。

父母和睦起来、耐心起来，抑郁的孩子一定能变得阳光。

19.6　给中学生的一封信

在此，我把曾经写给中学生们的一封亲笔信公布出来，以期对大家有所帮助。

亲爱的朋友：

提笔先祝你快乐幸福、前途光明，感激那一天的相遇，让我们开启了友谊之门，感谢你那么配合地与我度过了美好的60分钟。今天这封信是要把那60分钟的核心"礼物"送给你。

第一，当你遇到生活压力及学习压力的时候，可以通过捶被子、捶枕头、放声高歌、找亲友聊一聊、跑步、爬山等方式合理释放出来，不要压抑成疾或者放弃自我。当你把坏情绪清理掉以后，该学习学习，该工作工作。

第二，对于学习，永远不要马虎。即使你偶尔分心了也要把自己拉回来。要想被人看得起，就必须自己奋发向上、努力争气。我如今有了一丁点儿的小成绩，也是靠持久的学习带来的。

第三，世界有黑也有白，如果将来你遇到可气可笑的事情，千万不要否定一切。作为朋友，我要真心地告诉你：世界上还是正能量更多，无论遇到什么苍凉之事你都应坚信"人之初，性本善"，并将善而不愚进行下去，如此一定能看到光明。

第四，关于手机瘾。过于沉迷手机的人都很傻，因为把自己变成了手机的奴隶。一直沉迷手机跟吸食毒品一样可怕，手机唾手可得，它会慢慢侵蚀你的注意力及好性格，严重者会发展成精神疾病，致使你荒废学业、虚度人生。

第五，关于爱情与青春。如果是真爱，他/她不会在18岁之前侵犯你的身体，也不会以爱的名义分散你学习的精力。有了青春冲动是好事，说明你已健康长大。你可以通过参加体育运动来释放活力，也可以通过练书法来静心。万万不能因为冲动而伤害自己或他人的身体，切记！

第六，关于网络。请你知道，媒体喜欢报道负面信息，因为它可以吸引眼球。网络上的负面信息不代表整个世界。在真实世界里，爱更多，勇敢更多，和平更多。

第七，关于抑郁。很多同学都是在网上查了有关抑郁症的症状后过度解读，对号入座，以致陷入悲伤不能自拔。若你的情绪无法自控且常想着轻生，那就认真面对，接受医生的科学治疗。一般来说，通过治疗可以恢复正常的学习与工作。

一些同学甚至一些成年人，最初只是为了要挟家人或者老师，从而达到不学习、引起重视等目的。然而，他们演着演着就真的抑郁了，非但没有比之前轻松反而给自己带来了更大的痛苦。

那天我问谁愿意做心灵守护队员的时候，有超过90%的同学都热烈回应，这怎能让我不感动？现在，我批准你们都可以成为心灵守护队员，用这封信的内容去帮助自己，帮助更多的同学！你们一定会成为最棒的心灵守护队员，我为你们点赞。

最后，请务必记得：爱父母、敬老师，向上、乐观、坚强，培养自己的社会责任心与爱国之心。

你的好朋友：张凤

（注：有删改。）

第 20 章　夫妻育儿观不同怎么办

20.1　有效沟通挽救了他们的婚姻

这些年我讲了数不清的家长课堂，每次讲完课都会被很多家长围着，他们都迫不及待地向我讲述自己的困惑。为此，我对他们讲述的问题做了整理，其中排名第一的是：夫妻育儿观不同怎么办？

罗女士家里的情况让人记忆深刻又具有一定的普遍性。她家里有两个孩子，姐姐 12 岁，弟弟 8 岁。罗女士曾给弟弟报了一个跆拳道班，丈夫送了两次后再也不送了，还对罗女士埋怨道："比画那几下有什么用？报这个班报那个班，搞得像很有钱一样，要送你自己送，不要烦我。"

12 岁的姐姐马上就要考初中，有些基础知识跟不上，需要补习。罗女士想学习是重要的事情，丈夫应该不会反对，于是给女儿报了辅导班。然而，丈夫的一番攻击让罗女士扎心了："现在都是九年义务教育，又不用凭分数上初中，你瞎折腾什么？我上学时候成绩不好，现在不是过得挺好嘛。能上个普通大学，学会做生意就够了，就你喜欢瞎花钱。"

听罗女士说，丈夫的脾气还很暴躁，孩子们稍微犯一点错，他便暴跳如雷。有一次姐弟俩斗嘴，把桌子拍得咚咚直响，丈夫二话不说，拎起衣架便冲过去，结结实实地把两个孩子打了一顿。

看到孩子们被打，罗女士彻底被激怒了，向丈夫吼道："你这是家暴！你这是犯法！你是一个不合格的爸爸！教育专家都说了，暴力会使孩子心理扭曲，以后再敢打我的孩子，我跟你拼命！"丈夫气冲冲地把衣架扔在地板上，对罗女士讲："我管孩子，你给我闭嘴。"

说到这里，罗女士便哭了起来，哭诉道：每天辛辛苦苦上班，下班后还要陪孩子奔波在不同的培训班，不仅得不到丈夫的理解，还经常被丈夫拖后腿，要不是为了孩子，早就跟他离婚了。

听着罗女士的讲述，现场好几个妈妈也跟着抹起了眼泪，这眼泪似乎在诉说着女性的不容易。为了能帮助罗女士解决问题，我对她进行了辅导。

问：在给孩子报培训班之前，你跟丈夫商量过吗？
答：商量了也没用，说了他也不同意。
问：丈夫决定的事情会不会与你商量？
答：刚结婚的时候会，现在不会了。
问：你觉得这个变化是什么原因引起的？

答：他的想法太多，想到什么就投资什么，吃亏了好几次还不长记性，现在他投资什么我都反对，所以也不跟我商量了。我觉得安安稳稳地把生意做好，把孩子们养大最重要。

以上这轮问答让我看明白了他们的情况，何止是育儿观不同，是方方面面的观念都不同。接着，我继续进行询问。

问：你们当年爱上了对方什么？

答：那时候他工作很有干劲，他说喜欢我性格文静与好心肠。

问：如果不是为了孩子，你真的舍得离婚吗？

答：舍不得，他对我娘家不错，对我也还行，挣的钱也都给了家里。

从表面上看，他们是因为"三观"不合而争吵，实际上他们是因为不懂得有效沟通而争吵。现实中又有几对夫妻的"三观"是完全契合的呢？浓情蜜意的时候，双方都把优点展示给了对方，那是假象的合适，在柴米油盐酱醋茶里暴露出来的才是真实。其实，人与人之间总会有差异，互相磨合、求同存异才是正理。

在磨合的过程中，有效沟通是非常必要的一项训练。因此，我们引导罗女士做了两个月的训练，之后他们家有了如下变化：

（1）罗女士给丈夫发了微信，内容是：确实是我不够理性，给孩子们报了太多培训班，而且他们也一下子消化不了这么多知识。现在想减掉两项，我想听听你的建议。丈夫回信息的第一句是：你是罗罗？然后是：我累死累活就为了给孩子们好的生活条件，怎么会舍不得花钱？报了篮球班又报跆拳道班，确实没必要，至于取消哪个，你跟孩子们决定就好了。那天，丈夫回得很早，还亲自下厨做了几道菜，孩子们也很高兴。罗女士收获了有效沟通带来的幸福。

（2）在丈夫又一次准备揍孩子的时候，罗女士不慌不忙地走到孩子身边，牵着孩子的双手并蹲下来对孩子讲："我认为爸爸批评得对，爸爸妈妈是这个世界上最爱你的人，爸爸那么辛苦就是为了让你和姐姐更幸福。爸爸刚才提醒了你三遍，不玩了就把玩具收起来。你不仅没回应，还故意猛踩几下玩具，应该受到教训。"她温柔的语句成了定海神针，丈夫的火气一下子消了，罗女士继续对孩子讲："如果爸爸不教训你，你会变得无法无天，长大了会犯更大的错误，明白吗？"孩子点了点头。罗女士轻轻地拥抱了孩子，继续对他耳语："快去跟爸爸道歉吧，然后收起玩具，只要知错能改，爸爸妈妈会更爱你。"运用有效沟通，罗女士成功避免了一场家庭的"暴风雨"，丈夫和孩子的心情很快便雨过天晴了。在孩子面前维护另一半的威严，孩子才能以父母为荣。

（3）当丈夫又打算投资一个项目的时候，罗女士如此回应："你是家里最辛苦的人，努力找项目投资也是为了这个家，只要对基本生活没影响，你就放心去尝试吧，我支持你。"从那以后，他们夫妻更恩爱了，丈夫在投资上也越来越理性。

沟通是夫妻相爱的重要桥梁，有人说中年人的婚姻是"过不好"也"离不掉",其实这都是不沟通或者不懂有效沟通导致的。

20.2 夫妻之间的互相博弈

20.2.1 严厉与疼爱

彼时的程程是个5岁小男孩,爸爸是一名退伍军人,也是一个高标准、严要求的硬汉。程程在爸爸的严格训练下学会了游泳,但爸爸依然觉得程程的游泳动作不标准,每天都要对他进行强化训练。那天,妈妈去泳池给程程送毛巾,程程哭着求妈妈带他回家,说想休息一天,于是妈妈帮程程换上了衣服。

爸爸一回到家便大发雷霆,用老家话埋怨道:"一个打一个护,到老不上路!"妈妈也不甘示弱,回击道:"别拿老一套来说事,这都什么年代了,逼着孩子做他不想做的,只会适得其反。"爸爸气愤地讲:"如果孩子以后什么本领都没学会,就怪你。"然后双方再也不交流,这场冷战持续了近一个月,家里的氛围压抑至极。

后来的几年里,这幕剧情在程程家频频上演,直到他们成了我的邻居。在程程妈妈又一次诉苦之后,我对她说了以下内容:"每个家庭都是不可复制体,别人的方法在你家里未必适用,合适的才是最好的。程程爸爸的严厉与你的疼爱都没有错,严厉的教育方式之所以流传了几千年仍经久不衰,肯定有它经得起考验的优势。"

"严厉的方式是对孩子好,那疼爱孩子的父母就错了吗?"程程妈妈问。

我微笑着对她说:"疼爱孩子是没有错的,溺爱孩子才危险,只有刚刚好的爱才最有营养。"

画家达·芬奇的父亲也属于疼爱孩子的类型。达·芬奇小时候偏爱画画,还把上课时偷偷画的作品拿给父亲看,父亲不仅没生气还哈哈大笑地鼓励他,父亲的疼爱为达·芬奇的成功奠定了基础。

发明家爱迪生的母亲也非常疼爱孩子,爱迪生曾经在日记里写道:无论发生什么事,都有母亲为我支撑着,才会有今天的我。无论在什么样的情况下,都只有母亲体谅我的任性。无论在多么痛苦的情况下,我都能坚持下来,努力想让母亲高兴。这都是托母亲的福。

所以说,在教育孩子方面,没有绝对的黑白对错。严格与疼爱虽然有着不同之处,但也有着相通之处,这便是爱与支持。

社会上有一些父母,并不是为了爱与支持,而是纯粹拿严厉当挡箭牌,以发泄自己的暴力情绪。每当在新闻上看到被亲生父母伤害的孩子,我都心痛无比。

因为以爱与支持为目标，达·芬奇的父亲才会支持孩子的兴趣，爱迪生的母亲才会保护孩子的自尊；因为以爱与支持为目标，这些了不起的父母才没有将"疼爱"与"溺爱"混为一谈。

严厉与疼爱看似对立，实则可以互补，为此争论输赢反倒显得毫无意义。孩子是父母双方共同教育的，只要以爱与支持为目标，谁都可以按照自己的教育方式来教孩子。在另一半教的那个空间，权力属于另一半。

"如果你担心程程爸爸过于严厉，那么在你带的那个空间里，多给孩子弥补些疼爱就行了。如此，既可以锻炼孩子的毅力又不缺少温情，一举两得。"我对程程妈妈继续说道。

程程妈妈在这一次交谈后彻底改变了，再也没有干涉过程程爸爸教孩子。程程爸爸对孩子的教育一如既往地严格，无论是书法、美术，还是体育锻炼，都一丝不苟地磨炼着孩子的毅力。同时，程程妈妈也充分发挥了孩子爱玩的天性，只要自己带孩子，就想尽一切办法给孩子快乐。如今，程程已经成长为一个多才多艺的阳光少年，在哪里都闪闪发光。

20.2.2 陪伴与自主

妞妞妈正在为辅导妞妞的作业而上火，这时候妞妞爸回来了，进门就问："怎么还没做饭？"

妞妞妈气不打一处来,没好气地反问:"没看见我在陪你女儿写作业吗?"

妞妞爸迅速怼回来:"写作业有什么好陪的,孩子早晚要靠自己。"

妞妞妈再怼回去:"现在的家长都在陪着孩子学,就你眼睁睁地看着自己的孩子输在起跑线上?"

妞妞爸继续反驳:"成材的树不用修,我表弟阿远的父母都不识字,哪里陪过阿远学习,人家不是一样考上了重点大学?"

夫妻俩你一言我一语地吵了起来,妞妞爸决定发信息给阿远,问一问这个过来人怎么看待此事,没想到阿远与妞妞妈的想法一致。

阿远说:"那时候的家长都不陪孩子学习,因此差别不大。但是现在时代不同了,我建议表哥表嫂在条件允许的情况下,陪伴妞妞打好学习基础。"妞妞爸看到阿远的回复,也就不好再说什么了,他发了个傻笑的表情,然后继续问阿远:"不是说要让孩子自主学习吗?总不能一直依赖家长吧?"阿远回复妞妞爸:"小学生还不具备自我管理的能力,所以才需要父母的陪伴。陪伴就是父母陪着孩子养成好的习惯,好习惯定型了,孩子才具备自主学习的能力。"阿远的话让妞妞爸恍然大悟,连连点头。阿远继续回复道:"表嫂盯着妞妞写作业、盯着妞妞上兴趣班,这是帮你减轻了负担,你得感谢嫂子。"妞妞爸刚发了个"OK"的表情,接着又收到了阿远的下一条信息:"你要是担心表嫂给孩子陪伴太多,妞妞缺乏独立,那就自己多陪陪孩子,鼓励她自主学习。"

不同的育儿观可以互补，而接受过不同教育方式的孩子，心智将更加全面。

20.2.3 敏感与淡定

有的家长很敏感，一般表现在：①对老师的意见敏感；②对孩子的分数敏感；③对孩子的未来敏感。

我们采访过一些孩子，问他们最怕父母哪个瞬间，孩子们说最怕父母接到老师电话以后的那个瞬间，因为之后十有八九会收到狂轰滥炸的大礼。当然，也有淡定的父母认为：哪有孩子不犯错的，被老师批评很正常，有什么可上火的？

对于孩子的未来，当代的父母又有哪个不敏感？给孩子报各种才艺班，生怕孩子落后于别人。也有一些父母能将淡定进行到底，他们认为儿孙自有儿孙福，孩子不想学的时候，逼着学也学不进。

让我们来大胆假设一下，若按照过于敏感的教育方式进行下去，孩子的未来会怎样？是被管得太多变得懦弱，还是学得太多而开始叛逆？若按照过于淡定的教育方式进行下去，孩子的未来又会怎样？是什么也不在乎的麻木，还是理所当然地啃老？可见，无论是敏感还是淡定，过头了便是糟糕，唯有将敏感与淡定进行互补才是最聪明的选择。

要允许父母的敏感，当孩子知道父母对老师的意见很重视，或许就能更认真学习了。这时候，再加上父母的淡定就更好了："坚强点，下次改正就行了，爸爸妈妈陪着你，别怕。"如此，既保留了孩子对家长和老师的敬畏之心，又给了孩子面对的勇气。

要允许父母因孩子退步而发怒，当孩子知道了父母在意自己的学习成绩，或许就能端正学习态度了。这时，父母的淡定可以再次出场："每个人都会有退步的时候，这没啥大不了。人生的差别不在于退步，而在于退步以后的态度，爸爸妈妈相信你会有正确的选择，也会一直给你打气！"如此，既为孩子保留了因内疚带来的驱动力，又给了孩子向前追赶的力量。

20.2.4 批评与鼓励

家长应允许另一半批评孩子，适度的刺激可以激发人的动力。如果担心孩子的自信心受损，家长可以在自己陪伴孩子的时候多鼓励孩子。孩子的心理弹性比我们想象中的要好很多，他们没有那么脆弱，只要不攻击孩子的人格与自尊，一般不会发生极端情况。

任何一种教育方式，只要不过分，都可以成为孩子成长中的养料，而当着孩子的面否定对方的教育方式，则是孩子成长中的"黑暗料理"。无论是严厉与疼爱的博弈还是陪伴与自主的博弈，无论是敏感与淡定的博弈还是批评与鼓励的博弈，说到底都是夫妻关系的博弈，其本质是夫妻关系出了问题，并借由孩子的事件显现出来而已。

20.3 育儿观不同是假象，这六个问题才是真相

通过深入研究几千个家庭的咨询情况，我所记录的资料显示：在夫妻感情稳定的阶段，各自持不同的育儿观也能愉快共融；而在夫妻感情紧张的阶段，即使有相同的育儿观也避免不了争吵。

可见，育儿观不同并不是引发夫妻矛盾的真正原因，它不过是一块遮住了"真相"的面纱而已。当我将这些资料整理归纳以后，其背后的"真相"也就浮出了水面：

（1）家庭经济压力。
（2）家庭权力争夺。
（3）不对等的爱。
（4）伴侣拒绝再成长。
（5）夫妻间缺乏身心滋养。
（6）夫妻间的平等与控制。

上述这些问题若不解决，育儿观不同所带来的矛盾将永远存在。唯有把这些问题一一解决，孩子的教育困惑才能迎刃而解。

20.3.1 家庭经济压力

小蕾在好友的陪伴下来到咨询室,当她流着泪讲出自己的家庭经济压力时,她的好友表示挺意外的,因为大家一直以为他们的经济条件很宽松。

小蕾夫妻二人做了近二十年的服装生意,客源与收入都很稳定,在一线城市买了两套房子,两个女儿聪明伶俐,看起来一切都很和美。小蕾表示,是自己在亲友面前美化了自己的婚姻状况,其实她一点儿都不幸福。先是家庭经济出了问题,后又引发了一系列的连锁反应。

2018 年,小蕾的公司扩大了规模,支出翻倍,订单却丝毫没有增长。2019 年,又因一次决策失误,订单不增反降,为此,他们已经卖了一套房子用于公司资金周转,可依然入不敷出。这时候,小蕾的丈夫提出,希望用小蕾父母的房子做抵押,贷一笔款,帮公司渡过难关。小蕾坚决不同意,自己的父母和弟弟只有这一套房子,她冒不起这个险。而丈夫则认为自己曾经帮助小蕾娘家很多次,如今她却不愿意共患难,夫妻裂痕从此出现。

曾经亲密的夫妻变得心有芥蒂,闷气在心里越积越多,他们看孩子哪儿都不对。小蕾清楚地记得,那天在辅导两个孩子完成作业以后,她玩了一小会儿手机,仅仅几分钟而已,丈夫竟冲过来,一把夺过她手里的手机并砸了个稀巴烂。几乎同时,小蕾收到了银行的催款电话,她突然就崩溃了,坐在地上号啕大哭。那次小蕾找到了我,但她最初的问题是:夫妻经常因为教育孩子的问题而吵架,该怎么办?

在了解了她的家庭情况以后,我看到:这不是育儿观不同造成的家庭矛盾,而是因家庭经济拮据造成的家庭矛盾。这种家庭矛盾,小瑜家也有。

小瑜和丈夫辛苦打拼了十多年,仍然买不起房子,他们已在城中村蜗居多年。孩子即将要读初中,还不知道是否能被公立学校录取。若没被录取,便只能回老家读书,面临与父母长期分开的局面。种种的生活压力再加上紧张的经济,使小瑜夫妻烦躁不安。无论是网络没信号还是盆盆罐罐放哪里,都成了他们吵架的理由,无辜的孩子则成了他们的出气筒。

小蕾与小瑜后来都怎样了呢?别急,容我为你慢慢揭晓。

小蕾在我们的指导下,给丈夫写了一封信,内容如下:

孩子他爸,原谅我没有与你面对面地沟通,而是以写信的方式来与你谈心。每次面对面沟通,我们都在冲动之下跑偏了题,最后以争吵结束。对不起,我也有错。这两年公司遇到了难题,眼看着你头发变白,人变憔悴,说不心疼是假的,你是孩子的爸爸,我怎么会不心疼？奈何我脾气急，本来心疼你，脱口而出却变成了责怪，给你火上浇油。

　　最近因为贷款的事情，我们的心情都不好，然后拿孩子出气。前几天，我在无意中看到大女儿的QQ签名，我心慌了，孩子说想离开这个家。我们努力奋斗，本来是为了给孩子一个幸福的家，最后却因此事伤了孩子的心，真是得不偿失呀。如果一定要在富裕和安康里做选择，我想你应该和我一样，毫不迟疑地选择安康吧！

　　拿我爸妈房子做抵押这件事，我知道让你失望了，对不起。感谢你这些年爱屋及乌，多次帮助我爸妈和我弟弟。我也向你保证，无论任何时候我都会陪着你孝顺你的父母。如果拿我父母房子做抵押，必须要保证准时还款，不能出一点差错。你也知道我弟弟的婚期已定，若因还不上贷款而影响到房子的使用权，那我们可要背一辈子良心债。

　　再则，我们自己的房子已经抵押了，无论以后遇到什么情况，娘家的房子在那里，也是我们的避风港。毕竟我们是一家人，所以我愿意急你之所急，想你之所想，和你一起面对眼前的困难。咱们缩小一部分规模，再卖掉我的代步车好吗？我愿意坐地铁去拜访客户，陪着你一起扛。这些年你辛苦了，让我们一起加油，从头再来吧！

　　如果你是小蕾的丈夫，收到这封信后会怎么想、怎么做呢？小蕾的丈夫收到信后与小蕾和好了，他们的生意慢慢回暖，育儿矛盾也随之融化了。

　　至于小瑜，由于她不断强调，干了这么多年，连房子都没有，这使她很难过。因此，我决定用情绪 ABC 法则来帮助她，让她知道导致自己痛苦的是对房子的看法，而不是房子本身。在各大城市，租房的人群高达几百万，包含了各个层次各个领域，租房已成为大众生活的一部分，85% 的家庭里都有成员正在租房。

我告诉小瑜：你一直都有房，在租赁期限内，房子的使用权都属于你，连房东也没权利进入你的空间。你并没有露宿街头，所付的每笔租金都是自己的血汗钱，你享有的权利，并不比任何人低一分一毫。

有买房的想法是好的，但要尽人事而听天命，有的人住在买的房子里天天吵闹，而有的人住在租的房子里欢声笑语，所以，用心打理的地方便是最温暖的家。自此，小瑜再也不为房子而过分纠结了，她把"我们一直有房子"的理念传递给了老公，家里的笑声越来越多。

至于孩子是否能被公立学校录取，我建议小瑜走好脚下的路，准备好一切能准备的资料，然后等待结果。孩子能被录取固然好，万一必须回老家，也要相信家乡的教育水平越来越高，我们国家的教育资源越来越均衡，孩子要学习的知识不会匮乏。在网络如此方便的今天，语音是爱，视频也是爱，远程的用心陪伴比身边的低质量陪伴更能温暖孩子的心。

正在看这本书的你，猜猜女人什么时候容易动怒？答案是：经期的时候、孕产以及哺乳的时候、丈夫不理解自己与孩子叛逆的时候。治疗女人动怒的"药方"

是：丈夫说，"别担心，有我"。

男人什么时候容易动怒呢？答案是：听到喋喋不休的埋怨与不被尊重的时候。治疗男人动怒的"药方"是：妻子给予尊重，不啰唆。

还有一个最高级的通用"药方"——爱！主动去温暖对方，主动爱，种爱得爱。以上"药方"已经给很多家庭带去了幸福，你也赶快用起来吧。

20.3.2 家庭权力争夺

家庭权力争夺？不少人听到这几个字后会立马否定：我没有争夺，我为家里付出了很多，忍受了很多。在此值得思考的是，另一半往往觉得自己才是付出了最多的那个人。

争夺与较量出现在家庭生活的时时、处处：彩礼要多少？酒席怎么办？在哪里定居？房子谁装修？谁家做的菜好吃？过年去哪儿？遇到事情听谁的？照顾小孩按照哪家的方法？……

人们往往以为实力强的会取得胜利，其实不然。实际上，在这场家庭权力争夺中没有赢家，因为实力弱的一方也不会屈服。维护原生家庭的尊严，这是本性使然。但是，原生家庭的地位过高会伤害小家庭，原生家庭的地位过低同样会影响小家庭。

更直白一点讲，看不起另一半的家庭就等于看不起自己，因为你的另一半是你自己选的；而看不起自己的家庭，也是看不起自己，因为你就从那里长大。说到底，婚姻需要互相尊重，尊重对方的原生家庭才能给自己的小家庭带来幸福。

其实，婚姻是一场幸福的合作。而在合作之前，双方应当进行一场坦诚的沟通：我家里的习惯是什么，我能为你做出哪些改变，我可以让步的底线在哪里，以及家庭性格、生活方式、风俗人情，等等。在这一方面，珍儿就做得很好。

珍儿是独生女，恋爱之前她便计划，以后每年春节都要回家陪父母，也允许爱人陪他自己的父母过年。没想到男朋友阿杰家里的风俗是，结婚后必须在男方家过年。珍儿爱阿杰，她愿意做出调整：可以在两边轮流过年，也可以让四位老人一起过年。但是，她明确表达了自己的底线，不接受只在男方过年的旧习俗。阿杰也是个有独立思想的青年，他愿意尊重已经让步了的珍儿。因为有了沟通，他俩避免了这几年不绝于耳的过年难题。后来的买房与举办婚礼，他们也是商量着进行。相互理解成就了一段好姻缘。

但是，珍儿的同事燕儿就没有这么顺利了。燕儿男朋友的父亲脾气不太好，燕儿表示愿意出生活费，但绝不同意与老人家住一起，她认为小夫妻需要独立的空间。而燕儿的男朋友说，会尽量劝父亲与燕儿好好相处，但绝不同意与父亲分开住，他认为父亲一个人辛辛苦苦把自己养大，让父亲孤单一人生活是不孝。两人谁也不肯让步，最终分道扬镳。

"万丈高楼平地起"，很多的夫妻之间的矛盾都是因为早期没有正视双方的差异。婚姻是两个人一辈子的合作，结合之前有必要进行坦诚沟通，能接受再合作，若差距太大无法合作，放手亦是幸福，比如燕儿。

接下来，我们再谈谈价值观的争夺。希望自己的价值观战胜对方的价值观，这也是一种权力的争夺。比如，一方认为生活不能将就，一切应该追求精致，而另一方则认为生活不必浪费，干净实用最好；又如，一方认为宝宝需要两个人共同照顾，而另一方认为一个人带两个宝宝绰绰有余；再如，一方认为孩子要穷养，另一方认为孩子要富养。这些都只是价值观的差异，没有对与错。

适度的"争夺"可以平衡生活，如奢侈被简单平衡了，普通被品质平衡了，这些都是幸福。富养或穷养都不应过分，量力而行即可。最不可取的就是因争夺过分而失去平衡，比如月收入一万偏要开销两万，或者月余一万却舍不得改善基本的生活条件。

对金钱的支配也是权力争夺之一。是旅游还是买车？是借给你姐姐还是拿给我弟弟？是给孩子报夏令营还是给大人报培训班？这些确实是难题，但其实也没那么难，将钱用在紧急与必要的地方就可以了。

20.3.3 不对等的爱

阿明宠了妻子二十年，如今却毅然决然地与她分开。他说，没有其他原因，只是爱不动了。

阿明的妻子当年身段高挑、肤白貌美、性格温柔，阿明是捧在手上怕掉了，含在嘴里怕化了。这些年，吃的用的都尽力给妻子最好的。他的工作虽然很辛苦，但回到家依然帮忙洗衣做饭。但是无论他怎么做，妻子都有不满意的理由：每天起早贪黑有什么用，看人家一笔生意赚得比你一年的工资还高；别窝在家里做饭了，出去找点生钱的路子吧。

前些年，无论妻子怎么说，阿明都忍了，谁让自己喜欢她呢？这次，阿明的母亲生病，他才对妻子失望透顶。阿明的母亲常年独居，生病了才接到家里来。母亲的日常生活都由阿明照顾，但妻子依然天天吵，说阿明的母亲又不是只有他一个孩子，姐姐也应该分担。但阿明的姐姐家不仅房子小，还与公婆同住，确实不方便。阿明的解释她根本不听，还是每天指桑骂槐地抱怨。那天，阿明无意中看见母亲委屈地偷偷抹泪，于是大哭一场后坚决与妻子离婚了。

付出与珍惜都是相互的，只有平等的爱，才能长久。

20.3.4 伴侣拒绝再成长

小粉与小潘始于爱情,彼时,他们如糖似蜜。小潘当时是小粉的上司,长得仪表堂堂,小粉看他时的眼神都凝着光。小潘也对美丽开朗的小粉动了心,很快他们便有情人终成眷属了。而这一切在结婚四年后发生了改变。

小潘所在的公司倒闭了,他也难以找到与原职位相当的工作。不愿降低标准的他,开始待在家里消极度日,沉迷于股市。作为一个没有经验的散户,小潘把多年的血汗钱奉献给了股市。丈夫一蹶不振,但生活还得继续。为了女儿,小粉选择了奋斗。她拼搏于销售一线,还利用坐地铁的时间学习,考了三本证书。小粉在事业上如鱼得水,收入噌噌往上涨。而小潘不仅依旧消沉,还常常把负面情绪发泄在小粉和孩子身上。终于,一桩美好的婚姻走向了结束。

人终其一生都在成长,身高的增长止于青年时期,而内心的成长永不停歇。共同成长可以使夫妻走向更高维度的幸福,而拒绝成长与假装成长都将成为不幸福的推手。拒绝成长就如小潘。而假装成长又是什么呢?假装成长是以为自己在成长,实则并未深度学习与实践,而且没有学会内归因,依然喜欢把所有责任推向对方。共同成长的夫妻具备这样几个特征:积极反省大于吹毛求疵;温暖感恩大于高高在上;鼓励对方大于自我标榜。

20.3.5 夫妻间缺乏身心滋养

身心滋养包括生理滋养与心理滋养，无论缺少哪一方面，夫妻关系都会受到很大的影响，从而衍生出各种各样的家庭矛盾。

小敏在朋友的介绍下找到了阿蓝老师，她说，丈夫最近情绪非常不稳定，脾气火爆，一点即着。比如，她正在给九个月的宝宝放洗澡水，丈夫突然把浴盆踢了个底朝天；她让丈夫帮忙晾一下衣服，刚开始还好好的，没一会丈夫突然莫名其妙地把手中的衣服扔到了地上，接着摔门而出。小敏很担心地问阿蓝老师，丈夫会不会是得了精神病。

在全面了解他们的家庭情况后，阿蓝老师告诉她：你丈夫没有精神病，只是缺乏生理滋养。原来，自宝宝出生以来，他们便分房而居，小敏还多次拒绝了丈夫的亲密需求。由于被妇科问题困扰，小敏便对亲密关系产生了恐惧，再加上带宝宝太累，就干脆走回避路线，他们已有半年没有夫妻生活了。

阿蓝老师告诉小敏，夫妻性生活是人的本能需求，长期被压抑会导致内分泌失调、暴躁不安、注意力涣散、失眠障碍等，这就是小敏的丈夫最近暴躁的原因。她建议小敏抓紧把身体调养好，早点恢复健康幸福的夫妻性生活。两个多月后，小敏满面笑容地出现在阿蓝老师的面前，她说，夫妻性生活果然是特别棒的婚姻疗愈法，他们现在的关系非常和睦。

下面说说心理滋养，它包括爱与理解。

无论是落魄的人还是风光无限的人，他们的骨子里都需要被信任、被认可。来自另一半的信任与认可，可以使人在落魄中崛起；而来自另一半的怀疑与否定，则足以把将人摧毁。

当一个人长期缺少家人对他/她的认可时，他/她会越来越暴躁，负面情绪越来越多，对家人的态度也越来越差。请认可你的另一半吧，给他/她足够的心理滋养：若另一半承担着家庭的衣食住行，请称赞他/她的能力与担当；若另一半陪伴着孩子的学习与生活，请称赞他/她的爱与力量；若另一半细心又浪漫，请称赞他/她的柔情与温暖；若另一半踏实而冷静，请称赞他/她的务实与沉着。

当一个人长期缺另一半的呵护时，他/她会愈加胡思乱想，从而影响整个家庭的幸福。请呵护你的另一半吧，给他/她足够的心理滋养：若另一半居家守护后方，请呵护他/她的自尊，多感激他/她的功劳；若另一半在职场打拼，请呵护他/她也有的那份柔弱，给他/她多些疼爱。

20.3.6 夫妻间的平等与控制

在你身边有没有这样的现象？在外有点小事业的人，在家也高高在上，对家人吆五喝六。在外刚上了两节培训课的人，回家就把自己当成专家，对家人批评说教。其实，伴侣应当是平等相爱的，谁愿意身边有个高高在上的"领导"？谁又愿意身边有个喋喋不休给自己上课的"专家"？

再谈谈夫妻间的控制。经济控制、时间控制、交友控制、活动控制、规划控制、话语权控制，这些控制在夫妻关系里逞性妄为。一个习惯控制的人，其内在有着恐惧与自卑感，怕自己掌控不了，所以才要控制一切。过度的控制等于伤害，当伤害发酵到一定程度时，彼此的关系必然会在争执爆发后结束。

一个自信的人，是不会有控制伴侣的念头的。阿涛便是这样的人，他鼓励妻子出门旅游、学习、与姐妹会餐。他的妻子表示遇见了最好的婚姻。只有丢掉控制的念头，才能牢牢抓住幸福。

20.4 为了第三者而离婚，他只得一地苍凉

阿庆把结了八九年的婚离了，理由是：跟妻子没有共同语言了，他遇到了更懂他、更贤惠的女人。哪怕父

母与弟弟都帮着妻子说话,也改变不了他的决定。

离婚后的情况怎么样呢?儿子跟着他,女儿跟着前妻,四岁的儿子想妈妈想到哭,七岁的女儿也经常问他:"为什么不要我和妈妈了?"现实的问题也越来越多,加班的时候没办法准时接孩子,儿子总是最后一个离开幼儿园,他噘着嘴巴的样子让阿庆心疼。这时候他常常会想起前妻,如果她在身边,至少能搭把手。

阿庆的感情又如何呢?离婚后,因为父母对他的女朋友没有好脸色,再加上他不肯在房产证写上女朋友的名字,女朋友便各种闹腾,很快两人便分手了。等他再想起前妻的好时,前妻已组建新的家庭。阿庆曾经将责任抛到九霄云外,只管个人感受,如今只得一地苍凉。

20.5 体验对方的感受胜过换位思考

东哥最近的心情颇为低落,每天坐在车上不愿回家。他在公司是业务主管,压力巨大,本以为回到家能好好休息,可从进门开始就听妻子的抱怨。

妻子:"这都什么时候了,才回来!这家是我一个人的吗?"

东哥:"刚接待了外地来的客户,所以耽误了下班时间。"

妻子:"每次都有借口,下次再晚回家,就别回来了!"

东哥沉默了。

妻子:"每天都说工作忙,这孩子你管过吗?你尽到做爸爸的责任了吗?你帮家里晾过一件衣服吗?真当我是免费保姆吗?"

东哥:"你什么都不用操心,在家做做饭带带孩子而已,还这么啰唆!"

妻子:"好,既然这么简单,那么你来干!"

这个雷厉风行的女子说完就真的一个人回娘家去了。

那天,东哥早上六点半起床,给小学三年级的儿子煮好早餐,然后抱着老二送哥哥去上学。东哥从学校门口直接去了菜场,买完了菜,老二却闹着他要玩滑滑梯,不肯回家。折腾到上午十一点回家,东哥发现早上的碗与洗衣机里的衣服还没洗,可老二还拽着他要做游戏。到了中午放学的时间,东哥接回老大,已经十二点了,饭还没来得及做,只好带着两个孩子吃外卖。

本来以为下午可以休息一下,可是老二把牛奶洒了一身,又得帮孩子洗澡、换衣服。到了晚上,东哥既要带老二又要辅导老大写作业。他说,那是几乎要疯掉的感觉。妻子回家后,发现了壮观的一幕:满地的玩具、一池子没洗的碗,还有脏兮兮的老二。她觉得好气又好笑,迅速清理了现场。东哥在体验了妻子的日常家庭生活以后,才知道仅仅是换位思考还远远不够,只有体验后才能真正理解另一半照顾家庭的不易。

再分享一个体验对方感受的小故事。

倩云是个好强的年轻妈妈，她常对丈夫说："上班有什么难的，谁都会。"有一次，在气头上的丈夫呛了她一句："你去呀，看你能挣到还房贷的钱不？"

倩云这下不服气了，真的雄赳赳气昂昂地出去上班了。她哪里能料到一个本科生只能拿到4000元的月薪，并且时不时还要加班，确实离万元房贷有很大差距。好强的倩云为了证明自己，在公司做了"拼命三娘"，她用了两年半的时间，经历了数不清的辛酸后，工资才涨到6200元。亲自体验了赚钱的艰难后，倩云终于理解丈夫工作的辛苦，从此变得更加包容了。

20.6　孩子不需要假装完整的家庭

我们经常会听到这样的话：要不是为了孩子，我早就离婚了。可你有没有想过，孩子是否需要这样假装的完整？我采访过很多这种家庭里长大的孩子，他们都表示很害怕与父母在一起，因为他们一见面就吵架，孩子则要忍受父母讲的那些伤害对方的话，内心既难过又愤怒。

就如22岁的小凯所说的，"长大了才知道我爸妈有多虚伪，他们打着爱我的旗号伤害我，好像他们的不幸福是我造成的，导致我很多年心理都不健康，以为自己是罪人。他们日复一日地争吵甚至打架，但就是不离婚。后来才明白爸爸需要妈妈做免费保姆,妈妈离开了爸爸也没有能力生活,他们各取所需,却冠冕堂皇地说为了我才忍受"。

再听听一个8岁小女孩的心声:"以前爸爸妈妈在一起,我觉得不快乐,因为他们天天吵架。现在爸爸妈妈分开了,我有时跟爸爸住在一起,有时跟妈妈住在一起,却比以前要快乐,因为再也听不到他们吵架了。"

孩子需要爱,但不需要负面的"爱",因为负面的"爱"只会给孩子带来痛苦。我们不提倡冲动型离婚,但如果夫妻双方确实很努力了,依然没办法将日子过好,那么,离婚可能是走向幸福的开始。在本章,我们用了大量笔墨来梳理夫妻关系里的种种冲突。只有解决了这些问题,不同的育儿观才能完美地互补,才能真正促进家庭幸福!

第 21 章　与长辈育儿观不同怎么办

21.1　年轻父母与长辈的育儿观不同，让这个家庭好痛苦

前两年热播的电视连续剧《安家》引起了很多观众的共鸣，其中剧中的角色宫蓓蓓与公婆斗气的那一段，更是在网络上疯传，大家直呼：太真实了。

宫蓓蓓与刘斯礼忙于工作，由公婆在家带孩子，她与公婆因育儿观不同引发了家庭矛盾。孩子已经上幼儿园中班了，但公公婆婆仍然一口一口地喂饭，宫蓓蓓劝阻时，公公反驳道："我要是不喂，他就不吃，孩子饿着怎么行？"哪怕宫蓓蓓耐心地解释"要养成良好的饮食习惯"，公公婆婆仍然听不进去。

此外，公公婆婆还允许孩子一边看动画片一边吃饭，宫蓓蓓指出这样对孩子的视力与消化都不好，公公婆婆却轻松地回应："给他看，他还能多吃点儿。小区里的孩子不都是这样？"宫蓓蓓一点办法都没有，只能气得训孩子。公公婆婆看到孩子被训，脸上挂不住了，

公公愤怒地坐在一旁，婆婆委屈地弄出各种声响。

刘斯礼见父母不高兴了，便对着妻子埋怨起来："本来爷爷奶奶带得挺好的，你一插手全乱了。"宫蓓蓓是个懂得怎么育儿的医生，却不能按科学方式抚养自己的孩子，无奈得很。

在现实中，年轻父母与长辈因育儿观不同而引发的矛盾比剧中的宫蓓蓓家更多、更严重。即便有些看起来不错的家庭，在面对这个问题时也是一地鸡毛。

年轻父母与长辈存在的不同育儿观有：年轻父母要培养孩子自主能力，长辈总是喂饭；年轻父母要控制孩子看平板电脑，长辈总是由着孩子玩；年轻父母要培养孩子才艺，长辈总是说没用；年轻父母对孩子严格要求，长辈总是惯着孩子。究竟如何是好，下面让我们一起来探讨。

21.2 哪种给孩子吃饭和穿衣的方式才是对的

关于喂孩子吃饭这件事，我们观察了不少于一百个家庭后发现，很多说要科学喂养的年轻父母，在自己带孩子以后，一样追着喂饭。说好的培养自主习惯呢？怎么不坚持了？因为5岁以内的孩子确实很难做到自己吃饭。而那些坚持让孩子自己吃饭，绝不让步的家庭又如何了呢？大部分变成了这样：孩子情绪不稳定、容易哭闹、没有以前快乐了。

我小时候常听我的太奶奶讲："别让孩子吃气食，吃气食长不高。"指的就是吃饭时不要骂孩子，不要让孩子带着委屈吃饭。如今才知道这是有科学道理的，情绪确实会影响人的消化功能。

这么一看，近些年流行的严格控制孩子的吃饭时间，似乎就不全对了。用压迫的方式逼着孩子吃饭就更不对了，这不是爱而是伤害。当然，完全放纵孩子想吃什么就吃什么，想什么时候吃就什么时候吃，也不可取。究竟怎么办呢？我们来看看小洛家是怎么做的。

小洛的爸爸是公司高管，一向严谨，他的口头禅是：孩子满3周岁必须立规矩，绝不惯着，谁都不能说情。因此，3岁多的小洛经常面壁思过，看起来既可爱又惹人心疼，倘若奶奶与妈妈在中间讲一句调和的话，爸爸便情绪激动地说："惯着吧，就看你们惯着吧！"这使得大家再也不敢"解救"小洛了。

诚然，爸爸是爱小洛的，但哪里有压迫哪里就有反抗，3岁多的宝宝也不例外。那段时间小洛偏偏不吃饭，不哭不闹但小嘴巴闭得紧紧的，偶尔还给爸爸翻两个小白眼，一个月下来瘦了好几斤。

爸爸的行动宣布失败，奶奶上场：边看动画片边吃饭，不吃就不给看。祖孙俩玩得不亦乐乎，小洛也胖了起来，常常撑得打嗝。然而，小洛看平板电脑的瘾却越来越大。

直到有一次，他们开长途回家遇到了堵车，小洛的吃饭问题才有了解决的方法。那天小洛饿到自言自语："我想吃米饭，我想吃土豆丝，我想吃鸡蛋。"一向严肃的爸爸被逗笑了，在服务区带小洛去饱餐了一顿，这娃一口气吃了好多。

从那以后，他们不再把精力放在如何让孩子吃饭的问题上，而是把精力放在如何陪孩子玩的问题上。尽量让孩子玩到饿、玩到累，激发孩子的食欲，直到孩子自己主动要吃饭。

在陪小洛玩的过程中，爸爸也释放了工作中的压力，妈妈又被他们父子俩的快乐所感染，也常常参与其中。他们一家人无比投入地玩赛车、齐心协力地玩搭房子。孩子吃饭越来越好，家庭越来越幸福。

后来才听小洛爸爸讲，小时候，因为父母要种田，他几乎是由两个姐姐带大的。姐姐经常训他，被训成了他的成长模式。当爸爸后，他不知不觉地把这种模式转移到了自己的孩子身上。训孩子的过程，以及要求家人服气的过程，实际上都是小洛爸爸在寻找当年没获得的那份肯定。直到学了实践派家庭心理学，他才明白，不控制家人的思维才是最高的智慧。

幸好，小洛爸爸找到了比管制或者放纵都要好的办法——在快乐中激发动力。否则小洛又要重复爸爸的性格，一旦被否定便暴躁。

安稳了一段时间，他们家又有了新的苦恼：爷爷奶奶不配合，依然追着喂饭。小洛爸爸问我该怎么办，我回答道："当时谁在负责，就听谁的，其他人只需要配合。无论是爸爸妈妈还是爷爷奶奶，谁也舍不得让孩子受罪。育儿没有固定的方式，孩子能健康成长即可！"小洛爸爸认真思考了一会，然后点了点头。

宝宝穿衣服亦是同样的道理，穿什么风格，穿多少件，都应当由正在负责的人做主，这叫各负其责。尊重并支持正在带孩子的家人，是家庭走向好转的迹象；否定与对抗正在带孩子的家人，是家庭走向混乱的开始。除非你有能力自己带，否则请尊重正在带孩子的家人，这是对孩子最好的爱。

21.3 如何与长辈达成共识，共同管理孩子手中的电子设备

标题中所列出问题是一个让当下很多家庭都烦恼的问题。在孩子还小的时候，为了哄他吃饭或者大人要干活，爷爷奶奶才会用平板电脑稳住孩子，除此之外，他们并不会放任孩子使用平板电脑。因为大部分爷爷奶奶都懂得保护孩子的视力，也懂得转移孩子的兴趣，因而父母在这个阶段不用过于担心。

要注意的是孩子在 5 岁以后有了自己的想法，这时

爷爷奶奶管轻了没用，管重了又怕孩子的爸妈不高兴。并且，很多顽皮的孩子怕父母，却不怕爷爷奶奶。

如何平衡长辈与孩子的感受，让长辈与孩子都能感受到被支持呢？这里给您的妙招是：召开家庭会议，实行交叉管理。

（1）召开家庭会议：在和谐的气氛中召开家庭会议，会议要正规化。可由家庭各成员轮流担当会议的主持人，这既可保证公平性，又可锻炼表达能力。

（2）深度讨论：讨论好习惯带来的好处，比如早睡早起更健康。这里请注意，也要讨论一下家长的坏习惯，不然会让孩子觉得会议只是针对他。

（3）制订计划：在深度讨论以后，会议第三项为由自己制订出克服坏习惯的计划，以及规定违反之后的惩罚。比如，父母改掉晚睡晚起的习惯、爷爷奶奶改掉吃隔夜菜的习惯、孩子改掉玩手机超时的习惯。家长要根据实际情况协助年龄小的孩子制定规则，循序渐进地改进。

（4）实行交叉监管：爷爷奶奶监管父母，父母监管孩子，孩子监管爷爷奶奶。我们把这称为"良性三角"，从而避免对立。

（5）举行颁奖仪式：为一段时间的具体进步颁奖，获奖者可以实现一个小的心愿，也可以获得实物奖励。

这样的家庭会议可以经常开，哪怕改正的效果暂时不明显也要继续，因为这是一个由量变到质变的过程。坚持下去，不仅可以使孩子对电子设备有自然而然的管理意识，还可以使全家人的习惯都得到很大的改善！

21.4 给孩子报才艺班，家中长辈为何生气

很多父母向我倾诉，无论给孩子报什么班，爷爷奶奶总是一番冷言冷语："给孩子报这些班有什么用？"爷爷奶奶们嘴上说着反对，但为何又忍不住跟别人炫耀孩子的才艺呢？

从苦日子里熬出来的某些爷爷奶奶，一边心疼着培训费，一边享受着炫耀孩子才艺所带来的快乐；一边认为学校之外的培训没有用，一边又担心孩子输在起跑线上。这是他们的多面性，直白又朴素。

王奶奶从老家来到大城市，处处都不习惯，用了半年时间才走进了广场舞圈子。有一天，她突然接到媳妇的通知：晚上要送孩子学架子鼓。按道理说，王奶奶并不是舍不得付出的人，否则为何过来帮忙？但她自己也不清楚为什么非常讨厌架子鼓。她对媳妇说："这玩意既不好听又不能带来分数，学了有啥用？"无论媳妇怎么讲，她还是嗤之以鼻。

王奶奶常在孙子面前念叨："学这有啥用？也没见你被选到台上去表演。"孩子的心情也因此被弄得很烦躁，学起来心不在焉。王奶奶的媳妇在内心疲惫的情况下找到我们，我们给了她两个字："商"与"捧"。

"商"是商量,在给孩子报班之前要跟长辈商量一下,这是尊重,同时,还要耐心引导长辈看到学这个才艺的意义。"捧",就是抓住机会赞美长辈。当孩子进步了,要舍得赞美长辈接送的功劳;要舍得赞美长辈照顾的功劳;要舍得赞美长辈会教育孩子的功劳。

王奶奶的媳妇回家以后做了以下调整。
(1)给王奶奶买了礼物,并向王奶奶道歉没尊重老人家的时间安排。
(2)将孩子学架子鼓的时间与王奶奶跳广场舞的时间错开。
(3)带王奶奶看孩子在学校的表演,感受大家给孩子的掌声。
(4)给王奶奶讲打架子鼓的好处。
(5)常在亲朋好友面前夸王奶奶的好。

自此,王奶奶的心情越来越好,孩子打架子鼓的水平也有了很大的提高。王奶奶的媳妇告诉我:"商"与"捧"太实用了,她将其用到了生活的时时处处,感受到了"家有一老如有一宝"的美妙。

21.5 隔代亲和隔代严真的有错吗

有家长问:"我们对孩子严格要求,而爷爷奶奶总是惯着孩子,该怎么办呢?"是的,隔代亲已经形成了一种风气,看着爷爷奶奶无条件地宠着孙子孙女,让人又好气又好笑。隔代亲真的有错吗?

带着这个问题,我们再来看看另一种现象——隔代严。有的爷爷奶奶对孩子要求严格,爸爸妈妈却认为这是不尊重孩子天性的做法。你看,无论是隔代亲还是隔代严,家庭矛盾依旧存在。由此可见,这根本不是对错的问题,而是家庭话语权的争夺问题。

公说公有理婆说婆有理,谁都觉得自己的方法好,谁都觉得自己很有分寸。一旦自己受到了指责,便负气撂挑子:"我不管了,你管,看你能管成什么样?"然后,等着孩子出状况的那一刻,他们又抓住机会反击:"你不是会教孩子吗?怎么教成这样了?"这一刻,彼此所呈现的是报复情绪,而不是为了孩子更好。

在家长互相较劲的环境里,孩子怎么能得到幸福?只有在家人互相支持的环境中,孩子才能得到幸福呀!还是那句话,教育孩子没有固定的方式,应允许有不同的观点,但请避开孩子心平气和地讨论。

所以,隔代亲和隔代严,都没有错。如果觉得爷爷奶奶宠孩子过度,自己带的时候严格即可;如果觉得爷爷奶奶对孩子过于严格,自己带的时候鼓励即可,这又是老生常谈了。

21.6 稳住长辈的情绪

稳住长辈的情绪，这是年轻父母应当学习的功课之一。有一次在商场，我看见了这么一幕：孙女闹着要买玩具，被姥姥揍了，有人呵斥道："不能打孩子！"姥姥却打得更重了。这时候有位年轻的女士用温柔的语调对孩子姥姥讲道："我能理解阿姨，我家侄子也这样，家里明明已经有了还要买，是不能惯着。"这话一说完，姥姥立刻停了手，并开始了诉说。接着，这位年轻女士蹲下来牵着孩子的手，对孩子说："我知道你很难过，这样吧，姐姐买了送给你。不过要让姥姥暂时替你保管，等学会了不耍赖再拿给你，好吗？"后来，她与孩子一家成了好朋友，孩子再也没在公共场合吵闹过了。

有位妈妈说："你不知道我家的奶奶有多闹腾？一天到晚整得鸡飞狗跳，我都快被她整抑郁了。"原来，这位奶奶也是个苦命人，她从小由继母带大，而继母是一个非常挑剔的人；嫁人后，她又遇到了强势的婆婆。

我问这位妈妈：既然这么难受，为何还要与奶奶生活在一起？
她：因为没人给孩子做饭，我们都要上班。
我：那说明奶奶对家里是有贡献的，贡献的一面大于闹腾的一面。
她笑了，看起来轻松了许多。

年轻父母学习过很多化解情绪的方式，而生在旧时代的父母却没学过。如果遇到不可理喻的长辈，着实无法相处，可以分开住但不应反击对方。如果遇到胡搅蛮缠、破坏小家庭幸福的长辈，恰巧另一半又无法体谅自己，则应当维护好自己的正当权益。

如果因为合理的自我维护而导致夫妻分手，或许分手正是幸福的开始。如果在合理的自我维护后，长辈对此做了反省，另一半既懂得了与原生家庭保持距离，又增长了相处的智慧，这也会是幸福的开始。

21.7　孝顺与尊敬长辈，是家庭获得好运气的基础

现在有太多的年轻人，自以为懂的比父母多而轻视生自己养自己的人，动不动就呵斥父母，或者嫌弃父母管得多。然而，无论你有多厉害，第一口食物都是爹妈给的，第一步路都是爹妈扶的，第一句话都是爹妈教的。父母是孩子的一面镜子，当你对着你的父母大呼小叫，处处表现出不尊重时，你的孩子又怎么会尊重你？

老祖宗早就告诉我们了，孝顺，孝了才能顺。当然，孝顺并不代表愚孝，长辈如果有错，可以等他们情绪平静下来后再慢慢解释。很多年轻父母说要尊重孩子，不要逼着孩子跟亲友打招呼，于是乎，现在的亲友聚会上多了一种怪象：长辈主动跟晚辈打招呼，晚辈却爱理不理。

几千年的尊敬长辈的传统去哪里了?有个性并不代表没教养。长辈教孩子跟亲友打招呼这事,应当被支持。孝顺与尊敬长辈的传统不能丢,这是家庭获得幸福的基础!

第 22 章　家长与老师，请各自归位

22.1　远离只讲空道理的"专家"

当今家庭教育理念的混乱跟各路只讲空道理的专家有很大的关系。有些专家从未真正深入过寻常百姓的生活，也体会不到普通家长的压力，只管让家长进行平和教育。这样的瞎指挥让多少家庭走向了没有合理惩罚的误区，又让多少家长走向了不健康的内疚，还让多少孩子的内心如玻璃般脆弱，一点委屈都承受不住？

平和是好事，但剥夺万物生长的规律就不是什么好事了。孩子们除了要体验被理解，还要体验不被理解；除了要体验需求被看见，还要体验需求不被看见；除了要体验父母的柔声细语，还要体验父母偶尔爆发的怒气。这才是完整的成长过程！

因此，咱们需要的是具体该怎么正确排解负面情绪；需要的是发怒之后如何修复自己的心，如何修复家庭的爱，而不是空洞的说教。什么是好的家庭教育？每

个家庭的成长历程与背景都不相同，只要不是极端的溺爱或者极端的暴躁，只要彼此充满着责任和爱，什么样的方式都是好的家庭教育。反倒是那些剥夺了人性自然规律的，所谓的标准教育，才是最不健康的家庭教育。

22.2　家长与老师，请各自归位

我们希望更多的老师，不要轻易地去评判学生及其家长，因为我们并不知道对方正在经历什么。

其实老师们也不容易，需要承担各种检查、开展各种教学任务，还要处理数不清的问题，同样需要家长们的理解和配合。所以，双方应该互相支持，而不要彼此评判、彼此怀疑、彼此傲慢。同样，当孩子受了家长的批评，老师可以给予温暖和疏通；当孩子受了老师的批评，家长可以给予温暖和疏通。如此，家长与老师还愁孩子内心不强大吗？

家长与老师，应该各自归位，不要再跨越边界了。教学以外的任务请不要再强压给老师们了，孩子学习的任务也请不要再强压给家长了。

家长与老师的心灵都需要被滋养，每一个积极向上的人都值得被尊敬。来，现在就试试——对着镜子里的自己发出声音："我是最棒的家长/老师，别人如果有与我一样的经历，未必做得比我好！我已经做得很好了，未来我会做得更好！"重复这几句话，感受一下自己的内在能量。

接着，再对自己说："我的孩子/学生是世界上最好的孩子/学生，别人如果有与他一样的经历，未必做得比他好！他已经做得很好了，未来他会做得更好的！"懂得给自己和孩子加补能量的家长/老师，就犹如太阳一般光明！

为难家长对孩子的教育没有帮助；为难老师对孩子的教育也没有帮助。我们都深知，对立解决不了任何问题。如果人们都沉浸在抱怨里，一切只会更糟糕。当家长的负面情绪消除了，当家长的内心开始安静了，当家长把炮轰不同观点的精力用来促使自己成长、开拓孩子的眼界，那么，教育的效果也就更明显了。

写到这里，常见的育儿困惑和婚姻困惑便收笔了，愿你收获满满。

家庭修心篇

一、家长在班级群里
接到老师的提醒该怎么办

最近我们联系了130多个家长,问他们会不会因孩子在家上网课而感到烦躁或者崩溃。给予我们回应的有120多个家长,其中有106个家长明确表示:是的,非常烦躁!这其中包括很多专业人士,还有不少平常温柔、理性的家长。说没有因此而烦躁的,几乎都是没有加入班级群的,或者没有被老师在班级群里@(提醒)过的家长。

看来,各行各业、各种性格的家长都一样,为孩子不认真在家上网课而发愁。实际上,你并不孤单,也不是最糟糕的家长,别再过度为难自己了,松一口气吧!很多育儿"鸡汤"习惯于笼统的泛泛之谈,有些"专家"总是说家长要有更多的耐心。其实,在面对自己的孩子时,他们可能也做不到自己讲的那样冷静,所以我们就莫羡慕那些虚幻的假象了。我们应该先冷静下来找到发怒的原因,再处理情绪问题,然后才能好好引导孩子。

先回忆一下你为孩子上网课不认真而发怒的那个瞬

间，真的是孩子点燃了你的愤怒情绪吗？还是老师的提醒点燃了你的愤怒情绪？实际上，家长基本都是被老师在班级群里提醒以后才燃起情绪之火的，当老师提醒孩子作业没按时交，提醒孩子作业敷衍应付时，家长会本能地生孩子的气，然后训孩子一顿。这背后其实是自尊过度在作怪，是敏感过度在作怪，是认知偏差在作怪。

我们问过很多家长，如果老师不在班级群里提醒你，看到孩子偶尔在上网课时贪玩，还会不能自已地发怒吗？他们都说不会，因为在没有监督的氛围里，大人也很难做到高度的自律，他们表示能理解孩子的天性。但为何被老师提醒后家长们的情绪容易失控呢？深入向内看，其实是家长觉得孩子让自己丢脸了，怕老师会怪自己不负责，于是对孩子一阵狂轰滥炸。咱们冷静下来想想，刚被老师批评又被家长炮轰，孩子能真正安下心来学习吗？恐怕更多的是被骂而假装认真学习，心里实际烦躁无比吧！

心理学上有个情绪 ABC 法则，指的是造成情绪的不是事件本身，而是我们对这件事情的认知。所以，家长首先应当调整自己对老师在班级群里提醒这件事的认知。其实，大部分老师都是充满爱与责任心的，他们的提醒没有敌意，只有关心。老师们也有自己的家庭与孩子要忙碌，还要备课、讲课、改作业，哪有时间去责怪家长？而且老师们大多能够理解家长的不容易，正因为他们希望每个孩子都变得更好，才会对家长进行提醒。当我们看到这个真相以后，再被老师在班级群里提醒时，就会感到温暖许多，也会冷静许多了。

如果孩子的学习态度还是让你感到愤怒，你可以这样做：用手紧紧握住自己的头发（握住而不是抓伤自己），然后紧闭双眼，将每次吸入的空气都想象成冷静，将每次呼出的空气都想象成愤怒；每增加一次吸气，就想象自己的冷静多了一分，每增加一次呼气，就想象自己的愤怒被呼出去了一分。如此反复，直到感觉平静下来。然后用掌心轻拍心口，并与自己对话："别担心，只要用心陪伴与鼓励，孩子会好起来的。"并重复到内心有力量了为止。

家长在处理完自己的情绪问题后，再走到孩子身边，与他交流："最近在家上网课很累，爸爸/妈妈知道，我带你处理一下烦躁的心情吧。"在不扰民的情况下，可以鼓励孩子大吼几声，把烦躁吼出来。若不方便吼出来，可以用力深呼吸几下，直到心慢慢地安定下来。接着，过去轻轻拥抱一下孩子，告诉他："加油，我陪着你。"如果孩子不愿意被拥抱，则可以露出你的笑脸，眼睛里充满着爱，对孩子说："加油，我知道你能行！"经过情绪处理，孩子会逐步平静，接收到父母的真诚鼓励，其学习状态也会好起来。

家长还要教会孩子及时对老师的提醒做出回应，比如："老师，我今天一定补齐作业。"回应既是对老师的尊重，也可以让孩子迅速安静下来继续学习。家长也不必过于担心孩子真的会放弃学习，哪怕他说长大了宁愿做乞丐也不读书，这只是说说而已，家长莫太较真。这跟我们大人讲不想上班，只想周游世界其实是一回事。

发完牢骚后,大部分孩子还是会回到正常的学习轨道中的。

在孩子恢复状态以后,家长可以幽默地跟孩子说:"孩子,我们不要求你做第一,但也不要每天被拿出来点名,今天爸爸/妈妈控制住了自己的愤怒,可不敢保证每次都不爆发,咱还是该用心学习的时候用心学吧!"这段话的效果比你指责他更有用,不妨试试看。我们认为,只有尊重人的本性,才能带领家庭走向光明。

二、当家长发现孩子学习不认真

最近，我收到了不少家长的咨询，他们说孩子在家边上网课边在网上聊天，或者边上网课边看小说，甚至边上网课边玩游戏，该怎么办？此时，有两个不同的方向出现在了家长面前：一个是急火攻心，把孩子骂得狗血淋头；一个是把孩子带到正确的学习轨道中。

第一个方向是家长们走过太多次的老路，事实证明，效果不大。前文介绍了情绪排解法，相信绝大部分家长在将情绪排解以后都能平静下来。有了平静作为基础，让我们再尝试"把孩子带到正确的学习的轨道中"这个方向。

心理学上，完整的人格结构由"本我""自我""超我"三大系统组成。"本我"与生俱来，由人的本能、欲望及其能量系统构成；"自我"处于人格结构的中间，遵循现实原则；"超我"是人格结构中的道德部分，遵循道德原则并追求完美的境界。

看到孩子在上网课时分心，家长会本能地产生愤怒，这是家长的"本我"表现。而孩子在没有监管的空间，不能自控地做了自己所沉迷的事情，这也是孩子的"本我"表现。家长与孩子各自的"本我"起了冲突，这本身没有对与错，要允许这个冲突的发生，发生以后再用"自我"进行平衡。

孩子上网课三心二意，倘若家长看到但不进行阻止，就会给孩子错误的信号，变成一种放任；倘若家长的表现过于激动，则不仅会破坏自己的心情，还会破坏孩子的学习兴趣。既然我们选择了"把孩子带到正确的学习轨道中"这个方向，家长就要扛起督促孩子学习的责任，发现孩子跑偏时要及时纠正。

很多家长在纠正孩子学习习惯的过程中，习惯于烦冗的碎碎念，缺少力度和威严。家长可以尝试这么做，把你压住火气的过程展示给孩子看：首先用眼神表示你的真实愤怒，再用手捂住胸口，使劲地闭着眼睛咽下这口气。这个过程要重复两到三次，使孩子完整看见。两三次以后再运用前文教的"吸冷静呼愤怒"法，直到相对平静。将火气压下去的这个过程是真实的，孩子在看见你的边界点以后，就更容易听得进去你的教育。

接着，家长可以耐心地对孩子讲："因为我爱你，所以愿意给你机会，但爸爸/妈妈也是有底线的，希望你能收心学习，抓紧时间把作业完成。作业完成后，我们可以一起做爆米花（孩子感兴趣的事）。再一再二不再三，若一天中被发现三次，我不打你也不骂你，而是陪着你一起慢跑一个小时。你没能养成良好的学习习惯，我也有一定的责任，我陪你一起努力。"这比讲一大堆道理或者攻击孩子的自尊心更实用。

上述就是彼此的"自我"在进行调节。"自我"是建立在现实的基础上,允许"本我"的碰撞,一人往前迈一步,走向现实的"自我"。孩子的"自我"就应当自觉学习,允许他分心之后再收心;家长的"自我"就应当督促孩子学习,允许自己愤怒之后再理性解决。

很多家长都有个误区,认为督促孩子一遍就可以不管了,希望孩子非常自律、非常听话、非常主动,可是别忘了,孩子们很难做到这样。就如我们吃饭,能不能今天吃了明天就不吃?每天吃饭才能保证我们身体每日所需的能量,同样,家长不间断的督促才能保证孩子健康成长。所以,请把理性督促当成呼吸一般的自然吧,逃避督促只会让亲子关系更紧张。无论是家长还是孩子,只要有了方向的指引,就不怕没有正确的方法。相信在确定方向的那一刻,你就能创造无数的方法了。

孩子分神的时候,家长可以让孩子闻一闻清凉油或者喜欢的精油,也可以擦一点儿在太阳穴上,这样能帮助大脑清醒,从而拉回注意力;或者让孩子去洗个脸,给自己加个油,都是不错的方法。

接下来,我与大家分享微笑的力量。我们相信,发自内心的笑是一种力量。

面对贪玩的孩子,我们仍然可以找到让自己高兴的理由:孩子拥有健康的身体,孩子是有思想的、是活泼的，所以才会贪玩。只要你与孩子都健健康康的，就有机会将小缺点改正过来。再看看身边爱着你的家人，感受一下你呼吸的新鲜空气，想想你吃的健康食物，哪条哪桩不值得高兴？

希望正在阅读这本书的你给自己布置一个任务，就是尽可能地让自己开心，让自己笑起来。相信我，你的笑，可以驱散家里的负能量，可以使孩子的心情变得更好，从而以更好的状态来面对网课。微笑的力量，你感受到了吗？

三、传输美好的重要性

清晨

清晨是洒向心间的
第一缕阳光
给你温暖,给你力量
用光芒将你紧紧环绕
愿你从此不再被世界的繁杂打扰

清晨是润泽你心田的
第一滴雨露
给你洁白,给你滋养
用水分将你心田浇灌
愿你焦灼的心不再干涸

清晨是吹进你心房的
第一缕清风
给你呵护,给你幸福
愿这世界每天都对你轻柔

这首诗歌来源于网络，本来是写爱情的，我将它改编成了适合心灵滋养的小诗歌，感谢佚名的原作者。

我常常会收到一些家长的反馈，他们向我描述在上完我的课后感觉到自己生活是如此的美妙。有个可爱的家长说：多年来被生活的琐事重重包裹，感觉自己都忘记了笑。在听了我的课以后，她想尽一切办法让自己开心，然后真的开心得停不下来。收到这位家长的反馈，我也跟着一起开心起来了！

在此，我要给大家分享传输的力量。传输，顾名思义，即传递和输送。有人说孩子是家长的一面镜子，其所照出来的便是家长的样子，也有人说孩子是家长的"复制品"，对此，我深表同意。言传身教，让我们细细地回忆：自己的言行举止、性格表现、说话语气、做事态度，是不是或多或少都有着父母的痕迹？同样，你的孩子正在学习你现在的一切表现。既然传输具有这么重大的意义，我们家长更要让自己变得积极、向上，这样才能把正能量传输给孩子。

有一段时间，我发现 14 岁的儿子说话语气非常生硬。比如，看到妹妹的书丢在地上，他便立刻黑着脸训道："再不收拾，我把它丢，到，垃，圾，桶，你，信，不，信！"只见妹妹一脸的不情愿，噘着嘴巴，收起了地上的书本。从儿子的话中，我读到了他的愤怒，也读到了妹妹的委屈。

这一幕怎么如此熟悉呢？原来完全是我输送的！那段时间我就是这样对儿子说话："英语作业怎么还没提交，你，在，干，吗，呢！你咋这么不，让，人，省，心，呢！"儿子对妹妹说活的声调语气，跟我一模一样，我猛地一惊，天呀！我最近在给孩子传输什么？原本很懂沟通的阳光少年，怎么变成了"指责大侠"？

当时，我及时调整了自己的情绪，深呼吸 16 下之后，对女儿讲："哥哥批评得对，确实是你没收好自己的物品。"又对儿子讲："对不起，我最近对你说话语气不好，是我把不好的沟通方式传递给了你，你才又输送给了妹妹。妈妈向你道歉，我会努力调整自己的语气，你也改过来好吗？"这时，我看到儿子微微一笑，态度明显好转了。我又转身拥抱了女儿，对她说："虽然你错了，但是哥哥也不应该那么凶，别怪哥哥，是妈妈没做好榜样，能原谅妈妈吗？"女儿甜甜地笑着点了点头，我们表示要一起努力。有了这种觉知，当兄妹俩互相挑剔的时候，我会立刻柔声提醒道："孩子们，转换一下语气，妈妈在改，你们也改，好吗？"用了 10 天左右的时间，我们家终于回归了轻松幽默的对话模式。

我的冲动是爸爸传输的，我的敏感是妈妈传输的，我的善良与勇敢是爸妈共同传输的。当我意识到了这一点，便开始停止负面性格的继续传输，并将正面性格大力传输。除了正、负面性格的传输，还有学习态度的传输。孩子们早期的网课学习，我因工作繁忙没有时间陪伴，使得他们上课不认真，迟交作业，甚至不交作业。于是，我决定向孩子输送"认真学习"的态度。我每天尽可能地与他们坐在一起，有时戴着耳机听课并认真做笔记，有时陪在他们身边抄写古诗词，有时坐在他们身边做手工。如此一来，孩子们的学习态度也好了许多。

接下来，我给大家分享邀请的力量。其实生命中的一切都是自己邀请进来的，无论人还是事，无论性格还是习惯。关于邀请的力量，我把它以随笔的方式送给你。

所有的人和事
都是我自己邀请到生命里的
为此，我要负百分之百的责任
对过去所有的人和事
我要表示感谢
感谢一切使我成长

我的生命我做主
我的生活我做主
过去的邀请造就了现在
现在的邀请将造就未来
为了未来的美好
我愿意现在就邀请阳光

再也不要活在抱怨里
再也不要活在负能量里
我愿意邀请正能量进入我的生活
我愿意邀请放下与祝福进入我的生活
我愿意邀请理解与感恩进入我的生活

并且，我相信
我如此，我的孩子便如此
此时此刻，一切都还来得及
正能量就是好运气
我邀请，它就会来

孩子的习惯不是问题
孩子的未来不是问题
我们的明天都会更好
我们的身心都会爽朗

我们敞开大门迎接
迎接一切美好
而这个引领者便是自己

希望这段随笔能给你带来一抹彩虹。请别忘了，时刻输送美好，时刻邀请美好，并将此变成你终身的功课。

四、面对与祝福

我之前是一个对生活细节不太注重的人,性格大大咧咧,家里很少养花。如今的我,竟然喜欢上了修花、养花、闻花,还迷上了整理家务,每天都享受着花香疗愈与清理家居的幸福。家长朋友们可以行动起来试试,这种疗愈的效果比我的课还棒。

下面,我想与大家分享几位家长的课后收获。

迎难而上(微信名):课程带给我满满的正能量,开启了美好的一天。我学习到"本我""自我""超我",并用它去察觉,去调节,事情果真往好的方向发展了。另外,笑的力量很强大,可以化解大小事情。感谢老师的大爱,让我收获满满。

追梦赤子心(微信名):好久没有开心地笑了,听完课,轻松了一天,幸福了一天,谢谢老师!

幸福(微信名):学以致用,通过学习,我感受到了亲子学习的美好,自己轻轻松松,孩子们也特别开心。

感谢以上家长的分享！接下来，让我们寻找一下真实的自己，然后来拥抱祝福的力量。

曾经的我被烦恼蒙蔽了心灵，看不到家人对我的祝福，也看不到朋友对我的祝福，总以为他人不理解自己，为此内心不舒畅了很多年。后来，我坚持日日修心，每天静坐半小时左右，在静坐里理清了混乱的大脑，看见了拥有的幸福。

大静若动，大动若静，在静坐的过程中我们要允许大脑的活跃。与其克制，不如允许，我们要允许烦恼像波浪一样升起再落下。当烦恼升起的时候，不妨直视担忧并面对它：哪怕是最坏的结果，我也能勇敢接受！同时，应坚信状况会好起来，这样人就会慢慢平静下来。

每个人都具有无限的能量，只是我们被暂时的困难误导了。比如，真实的你是愿意拼搏的，愿意让生命经历更多体验的，不甘心让生命一片空白，所以从乡村来到了城市。但是，在遇到困难的时候，你总以为自己是不得已才来到城市，以为自己喜欢在乡村独居。其实，这不是真实的自己。不信，你去乡村独居两个月试试。

再如，真实的你是爱孩子的，信任孩子的，相信孩子有能力在未来让自己衣食无忧。但是，当你看到孩子读书不用心的那个片刻，便会想象出他未来艰难生存的场景。这只是你的想象，不是现实。我们也可以想象孩子在某天变得上进，然后学习逆流而上。你有哪种想象，现实就有可能朝着那个方向前进，其实我们完全有能力引导自己的想象。搞清楚了真实的自己就找回了祝福的力量。人生所选的每一段路，都是在那个时空最应该走的路。每段路都是礼物，都值得祝福。

如今，我每个星期都会做一段祝福功课：
（1）找个单独安静的空间。
（2）用声音发出对亲友的祝福，让自己听见。
（3）同时敞开心胸接受对方的祝福，并发出声音回应，比如：我知道你内心希望我会更好，这是你对我的祝福，我收到了，谢谢你；我内心对你也是同样的祝福。
（4）拥抱自己，感受祝福与被祝福的力量。

世界上没有无缘无故的爱，也没有无缘无故的恨，试着祝福曾经出现在你生命里的所有人。可以的话，祝福包括你讨厌的与伤害过你的人。我如此践行了以后，收获到了满满的幸福。面对真实使我快乐了起来，学会祝福带我战胜了抑郁，并且找回了奋斗的力量，期待你也能够如此。也许你会奇怪，这跟孩子上网课有什么关系？其实关系可大了。一个情绪饱满的家长更容易培养出情绪稳定、阳光向上的孩子，而这样的孩子也更容易静下心来学习。

最后给大家分享空间的力量。

孩子居家学习的时期，日夜与家长相对，相看两不厌才奇怪。家长与孩子都需要自己独立的空间，需要偶尔透透气。建议家长在压力大的时候，单独去公园散散步，呼吸一下大自然的新鲜空气；也可以吃个冰激凌降降温、喝杯咖啡压压火、吃个火锅释放一下压力。被大自然与美食滋养了以后，你可能会笑起来：哎，有啥大不了？

家长还可以买点孩子爱吃的美食带回家，告诉他："本来想要揍你一顿，想想还是舍不得。吃点东西吧，吃饱了迅速去学习。"如此进行以后，孩子的心情会不会变得更好些？在确保安全的前提下，家长也要鼓励孩子出去走一走，感受一下自由的空间。亲爱的朋友，明天又将会是一个艳阳天！

五、心态的崛起与能量的守护

本章，让我们从一幅画开始聊起。

这幅画是梵高的《丰收》：湛蓝的天空、金黄的麦田、高高的麦堆、红色的瓦房、朴素的栅栏。梵高本人在给弟弟的信里提到："收获时节的景象相比它在春天的时候，变得非常不同；不过，我不喜欢自然风景太少，到处都变干枯了。现在的一切，有金色，青铜色，甚至是铜，泛着蓝绿色的天空弥漫着奇妙的芳香，特别和谐，就像德拉克洛瓦作品中的断音一样……"[①] 多么美丽的画，多么热爱生活的人，最后却因精神疾病而离开了他所热爱的风景。

某天，我去一家熟悉的餐厅吃饭，老板娘正在训她的儿子，因为那孩子在上网课时趁妈妈炒菜的瞬间，玩起了手机游戏。见我进来了，老板娘有些不好意思："我快被这孩子气成抑郁了。"我笑了笑："没事，情绪发泄出来就好了，不会抑郁的。"

[①] 《梵高丨创造美好的代价是：努力、失望以及毅力》，见网易（https://www.163.com/dy/article/HL6ENPLF05341XSX.html）。

深度研究家庭教育了这么多年,我看见了成年人的真实状态:人人心里都有一团火,别人看到的却只是一缕烟,有时候甚至连烟都看不见。人们都习惯了不动声色,却在心中将悲伤放大,觉得自己是全世界最艰难的人。其实人人都有本难念的经,即使有些看起来云淡风轻的人,或许他刚刚才经历了一场内心海啸,你看见的平静只是他的表面。

为此,我要给大家分享迅速崛起的力量。为何我们要用大量内容来调整家长的心态呢?因为家长的心态是孩子的地基。同样面临"孩子不自觉上网课"的烦恼,心态稳定的家长可以将孩子领回正确的学习轨道,而心态不稳定的家长则会使孩子偏离正确的学习轨道。

接下来分享一位妈妈的故事,看看她如何运用迅速崛起的力量把孩子拉回到正确的学习轨道中。

那天难得在家,她翻开孩子的作业本——不是没写完或者写错,而是根本没写。她瞬间崩溃了,为了给孩子更好的生活条件,她吃了很多苦但依然努力着,没想到孩子却如此不上进。

那一刹那,她忘记了理性,忘记了一切可以讲得出来的道理,气冲冲地拿起衣架,对着孩子的屁股便打起来。打的过程中,她的内心出现了一串声音:"别打伤了孩子,孩子还是有优点的。"原来这是在理智时候播下的种子,当负面情绪出现时,它恰到好处地出来驱赶。

虽然收起了打孩子的手,可心中的怒气依然未消,她对孩子说:"我快崩溃了,要出去走走。"说完便拉开门跑了出去,孩子跟在她身后说道:"妈妈,我错了,我改。妈妈,我爱你。"孩子的话让她的气消了很多,也逐渐冷静了下来。

她在路边找了个椅子坐下,闭上眼睛开始觉察内在,她看见了"本我"有表达愤怒的需要,又看见了孩子本具备承受挫折的能力。于是,她与自己和解了,也对孩子进行了祝福,相信孩子会越来越好。调整完情绪后,她回到家,与孩子分析了深圳中考的录取现状,分享了努力与人生的关联,还与孩子一起讨论了自我调节压力的办法。然后他们决定先放松两个小时再投入学习,不仅海吃了一顿,还玩了脑筋急转弯、搞了讲笑话大赛。之后,孩子认真地投入了学习。

这事若搁在从前,她会在打完孩子后再用带刺的语言攻击一通。孩子因受不了她的攻击而反击,她会被气得大哭一场再与孩子冷战半个月。如今,她把"战线"缩短了这么多,进步还是很大的。或许,听到这里你会想,她的孩子怎么做到这么冷静的?因为他们做过"家庭情绪失控"的演练。

在心情平静的时候,家长可以与孩子做一个约定——爸妈是这个世界上最爱你的人,如果遇到我们情绪无法自控的时刻,你要记得,那是负面情绪影响了爸妈的身体,不是爸妈的真实样子。那时候,你一定不要上当,不要与我们对着干,而是要从负面情绪中夺回你的好爸爸/妈妈。夺回的方法很简单,对他们真心实意地说:"爸爸/妈妈,对不起!我错了,我改,我爱你!你消消气。"同时,爸妈也向孩子保证,尽量改掉坏脾气。正是有了这个演练,在那个妈妈情绪失控的时候,她的孩子才表现得那么从容。

下面,给大家送上我的一段随笔。

若掉入负面情绪
请不要害怕
每个人都有这个时刻
迅速爬起来即可

对家人发泄是掉入负责情绪
发泄完毕若继续折腾
便是赖在坑里不起
发泄完毕,请迅速画上句号
停止攻击家人与自己

你本身就有崛起的力量
知道自己不是最糟糕的人
感恩你还可以呼吸
感恩孩子与家人都还健康
要相信你的家庭会好起来
这是心灵崛起的力量

如果你收到了亲友的负面情绪

请不要过于担心
人有自我疗愈的能力
你只需要对亲友说
我爱你，别怕，会好的
有你的祝福，他会走出来的

千万不要让负面情绪互相传染
这会使一个大家庭或者一群朋友
都掉进负面情绪的坑里
祝福亲友会好起来
这是对亲友的守护
邀请好情绪进入自己的生活
这是对自己的守护

相信你会选择迅速崛起，因为只要愿意，每个人都能做得到！

六、与孩子的情绪错峰

本章,我们来聊聊如何陪伴青春期的孩子解决情绪问题。

清晨五点我起床时,天还没亮,于是我选择在黑夜里静坐了一小会。随着耳机里响起的潺潺流水声,回忆起了自己的青春,那是一段多愁善感的青春,那是一段伤春悲秋的青春,那是一段容易愤怒的青春,那是一段与父母对抗的青春。记得有一次与妈妈起了很小的冲突,我便模仿伤感诗人,写下了夸张的句子:"白色的雪,黑色的血,是谁弄疼了我的记忆,又是谁辜负了这场大雪,我的心头仿佛滴起了,黑色的血。"

幸好,妈妈不知道我写过这样的句子,否则她一定会气炸,勤劳善良的妈妈怎么受得了被我这个"小恶魔"如此形容。若当时被敏感的妈妈发现,我不敢想象她会伤心成什么样,更不敢想象我会如何反抗。不知真相的家长朋友还以为我当时受了多大的委屈,其实不过是妈妈叫我去晾衣服,喊了好几遍而我没理她,被她说了几句,仅此而已。

如今，我的孩子也正值青春情绪期，面对他，我很坦然，因为自己也是这么过来的。曾经如"小魔头"的我都能长成爸爸的骄傲，能成为妈妈的贴心小棉袄，我相信我的孩子将来也不会差，甚至极有可能要比我做得更好，虽然现在的他时常在家里捣蛋。就拿某天早上来讲，我怀着满腔母爱给这个 14 岁的少年煎了香喷喷的牛排。结果他怪我喊吃饭打扰了他上网课，把书包踢得咚咚直响，然后气鼓鼓地把一大块牛排全部塞进嘴巴，满脸愤怒的表情，像被人逼着吃世界上最难吃的食物一般。我知道，必须要给他点颜色瞧瞧了！

用巧妙的方法转移孩子的注意力，再引领他好好吃饭，那是针对年龄尚小的孩子。他这么大了，应当与真相交流、与责任交流、与反省交流。于是，我走到这个已比我高半个头的家伙面前，并将说话的声音分贝提高："你想怎样？妈妈一大早起来做饭给你吃，你还给妈妈甩脸？"听我这么说，孩子赶紧收起了坏情绪，好好地吃起了早餐。

在这里请注意，我只是跟孩子陈述了事实，真实地表达了我的感受，并不是没完没了地啰唆与翻旧账。因为我晓得，那样只会让青春期的孩子情绪更加激烈。等到课间休息时，我主动跟孩子讲："儿子，不好意思，早上妈妈没有体谅你的烦躁。"

我继续用平等、轻松的方式与孩子交流："其实我青春期的那几年，也把你外婆气得够呛。有一年我过生日，外婆说好要给我做好吃的，可半天没见到动静，我竟生气地用砖块砸向家里养的鸡,一群鸡被我弄得四处乱飞。"听到这里,儿子哈哈大笑起来:"哈哈,那外婆打你没有?"

这时候,我们已经进入了亲子探讨的阶段,即从举例子聊到了青春期孩子的情绪特点:因身高体重迅速增长造成了生物性紊乱,从而引起情绪忽高忽低、容易烦躁等现象。同时,青春期的孩子心智迅速成长,是自尊心比较强的阶段,他们觉得自己长大了,不需要被父母管了,于是开始争取自主权,容易与父母之间产生感情隔阂,这都是正常的,说明孩子在长大,情绪反复期会随着孩子年龄的增长过去的。

聊到这里,孩子问我:"妈妈,你有解决的办法吗?"我告诉他:"不要压制,只需要正确疏通就行,比如通过运动、唱歌、读书等方式。我还可以把蓝色的公仔熊送给你,当暴躁情绪来临时,你可以捏它也可以踩它,这是通过发泄进行疏通。记住,发泄的时间不要太久,一般五分钟左右,时间到了就要立刻回归理性。"我用科学的方法引导孩子了解青春期的情绪问题。这时,我们相视一笑,和好了。

在此,我把错峰的力量分享给大家。青春期孩子的情绪依然会反复,家长应尽量不要在孩子情绪不好的时候讲道理,那会儿他是听不进去的,而应选择在孩子状态好的时候与之沟通才有效果,这就是错峰的力量。

我家9岁的女儿看到哥哥暴躁时,便会轻轻地跟我说："哥哥是青春期情绪作怪，咱们不跟他计较。"我抱抱女儿，给她一个大大的赞，又对她讲："等你到了青春期，我们也会如此包容你，因为我们爱你。"哥哥负面情绪过了以后，我们会笑着跟他讲述妹妹的话，传递妹妹对他的爱，他总是不好意思地嘿嘿一笑。现在，这个少年已顺利度过"情绪大波动期"，情绪越来越稳定，又回到了阳光、上进的模样。

下面，我再把家规的力量分享给大家。

国有国法，家有家规。没有规矩不成方圆。你的家里有正式的家规吗？如果还没有，就赶紧召开家庭会议，在轻松的氛围里共同制定出家规，并且将它字面化、正规化。家规的意义是为了家庭更好，而不是只为了针对孩子。开会时，由一家之主讲述家规的利与弊。

比如，家长晚睡晚起、不爱运动，继续这样下去的结果是身体会出现亚健康，还会把不良习惯传递给孩子。若用家规设定了起床与运动规划，全家人的身体都会更健康，并且使孩子们养成一生的好习惯。最后全家人投票是否需要设立这条家规。再如，孩子毫无节制地玩手机，会导致视力受损，严重者还会精神分裂。可以设定一条家规规定全家人放下手机的时间，譬如晚上十一点必须关手机睡觉。如此，全家人的身体更健康，家庭氛围也更和谐。又如，家庭里有人特别任性，从不尊重家人，总是把不好的脸色甩给家人，家长若这样会让孩子很压抑。如果用家规要求家人之间要互相尊重，那么家里的欢笑会更多，孩子也会更快乐。

有奖有惩是一种通用的规则，违反了家规也要接受惩罚。比如，无特殊情况下，家长连续两次没运动，惩罚打扫单元楼半个月，为公众服务；无特殊情况下，孩子连续两天在规定的时间内没放下手机，直接关闭网络或者没收手机半个月；无论大人还是小孩，若被其他家庭成员共同投诉过于任性，破坏了家庭的好气氛，则剥夺半个月出去玩的权利。

此外，每个月还可以选出两名进步最大的家庭成员（不允许投自己的票），给予鼓励金或者帮其实现一个合理的愿望。每个星期可以设置半天发泄日，可爬到山顶大声呼喊等，如果没有发泄的需要，就一家人静静地散散步；再设置半天为享受日，可购买美食，也可选择娱乐，以全家开心为主。家规既然制定了就要执行，不能当摆设，你重视它，它必然会回馈你，会为你的家庭带来好运。给自己一点时间，给孩子一点时间，只要我们用心理解青春期的孩子，坦然地陪伴他们度过这段特别的时光，孩子一定会给你带来更多的惊喜。

七、在充满希望中践行

在儿子的推荐下,我看了一个小短片,片名叫《黑洞》。

这个小短片的内容是:一个职员在办公室加班,有故障的打印机里出来了一张印有黑色圆圈的纸。他顺手把杯子放在黑色圆圈上,杯子竟然掉进去了,他又试着把手放过去,居然奇迹般地拿出了杯子。原来这是一个可以穿越的黑洞。他又尝试把这张带有黑洞的纸贴在自动售卖机上,竟成功地取出了里面的饮料。接着,他产生了罪恶的念头,把这张纸贴在了老板的门上,成功打开了门并进入了房间,又成功地把手伸进了保险柜,还取到了里面的现金。可是他并不知足,又让自己的整个身体爬进了保险柜。突然这张纸掉了下来,他被困在了保险柜里。短片到此结束,给观众留下一个想象的空间。

这个短片有点像我小时候听过的童话故事,寻宝的人因贪得无厌而被过重的宝物压翻了船。从前以为这不过是童话,长大后终于明白,很多人都是这个故事里的主人公,不同的是有的人觉醒了,有的人终其一生都陷在贪得无厌的黑洞里。

有人贪图金钱,有了还想有,多了还想多,犹如饮盐水止渴,越饮越渴。有人爱慕虚荣,犹如飞蛾扑灯,自取灭亡。

今天我们讲讲亲子关系里的贪得无厌。孩子会学习了,会背古诗了,会学英语单词了,会唱歌了,考试得满分了,数学竞赛得第一了,成为"别人家的孩子"了,全家都乐呵呵的!孩子在不知不觉中长大,然而他不是神仙,不会永远都表现优异。当孩子的表现稍微有些落后,父母便会跟着焦虑起来。这时,孩子能准确感受到家长的焦虑,因内疚或者分心,他的学习状态或许会变得更差。如此一来,整个家庭都将掉入焦虑的黑洞里。

实际上,大人的生活也有高低起伏,几年曲折、几年坦途才是常态,那为何我们不能允许孩子有低谷的时候呢?因为我们掉入了亲子关系中贪得无厌的黑洞,只允许孩子进步,不允许孩子退步。在孩子表现不好的时刻,活在希望中的家长,会运用各种智慧鼓励孩子,使孩子找回信心;而活在失望中的家长,只会在家里唉声叹气,使孩子失去向上的动力。

为此,我要给大家分享希望的力量。

命运比你好的人,一直活在希望中,哪怕是在更晦暗的时刻。有两个人,同在一家即将倒闭的工厂工作,他们已经有三个月没领到工资了。这两个人一个活在希望中,一个活在失望中,接下来会如何呢?活在希望中的人回家以后,对老婆孩子说:"虽然没领到工资,好在老家还有菜和粮食。钱以后会赚回来的。"而活在失望中的人回家对老婆孩子说:"太惨了,马上就没工作了。未来怎么办?真是痛苦极了!"

把希望的力量收进心里,收进家庭里,它可以让你在最低谷的时候,依然充满希望;让你在得到幸福的时候,安然享受喜悦。

接下来,我再给大家分享践行的力量。

这些年跟我学习的家庭有很多,其中有超过90%的家庭关系得到了好转。还有一些家长在心态稳定以后,事业也跟着好了起来。但是,也有少部分家庭在听课后,日子依然过得一团糟。区别就在于,有些是走马观花式听课,而有些是深度学习并用心践行。

多年前我听过一句话:用心践行经典书籍中的一句话,胜于囫囵吞枣地读一万本书,更胜于读无数本没有营养的书。我深深地记住了这句话,并坚持践行。从选择研究"大众家庭心理"那一刻起,除了过年的几天与前几年住院的几天,我从没有一天停止过学习。并且对书中的知识一段一段地学,直到吃透它、弄懂它,并在实际生活中运用它!

当年,我也听过很多专家的讲座,发现落实不了的空道理无法为大众的生活服务，因此开始自己钻研，并坚持陪伴不同性格、不同年龄的学生；坚持深度陪伴这些学生的家庭，陪着他们一起成长。直到今天，我不仅解决了无数"专家"解决不了的疑难咨询，更得到了不少人的信任与支持。取得这些小小成绩，都得益于"实践"二字。

对于旅游，我也充满了践行精神。去一个地方之前，我会做好当地的历史与人文功课，然后尽可能地融入当地文化。旅游时，我喜欢和当地人交流，并且总是能够从他们身上收获很多书本上没有的知识。在家庭心理课题的研究当中，这些旅游途中收获的见识，可真是帮了自己不少忙。

践行的力量如此之大，你打算启动了吗？希望你用心复习一遍，幸运一定会光临你的家庭！

八、给予与敞开心扉等于收获与富有

本章,咱们来聊聊给予的力量与敞开心扉的力量。其实人本身就具备这两个力量。有项科学研究发现,胎儿在腹中就送给妈妈一个终生礼物:一种很像干细胞的胎儿细胞,它能进入母亲的血液和器官中,修正母亲病变的器官,这种细胞在母亲体内会终生存在。你看,咱们还没出生就已经懂得了给予。

在我们才几个月大的时候,便知道用胖乎乎的小手喂食物给妈妈吃;渐渐长大了一些,我们舍得把玩具与好朋友共享;再长大一些,我们与朋友互相帮助。这些都是给予的力量。

然后我们长大成人,走上社会,或多或少都受到过一些伤害。为了自我保护,我们开始将给予的力量层层包裹,直到它沉沉睡去。有人说,孩子交个真朋友只用一分钟,而成人用一年的时间都未必够。其实,成年人大多活在防御里,害怕给予。

放眼古今中外,但凡获得了一番成就的人,哪个不是因为拥有了给予的力量才获得成功的?从不帮助他人的人，当然很难得到他人的帮助；从不感恩他人的人，当然很难得到他人的感恩；从不理解他人的人，当然很难得到他人的理解；从不祝福他人的人，当然很难得到他人的祝福；从不尊重他人的人，当然难以得到他人的尊重。

在我看来，这世界上的所有关系都是如此，无一例外。无论是感情还是事业，无论是友谊还是合作。人生如同一口井，只进不出必然会变成枯井，爱与财富也一样。接受爱、给予爱，让爱流动的人才会更幸福；接受财富、布施财富，让财富流动的人才能承载更多的财富。

在情感关系里，若每个人都只向对方索取理解与爱，却从不给予对方理解与爱，这段感情必然会疲惫不堪。若有一方明白种爱得爱、种理解得理解、种尊重得尊重的道理，这段感情才可能扭转乾坤，走向幸福。

邢叔叔包容妻子很多年了，妻子几乎是十指不沾阳春水，邢叔叔一直将她捧在掌心。可他们最近闹起了矛盾，邢叔叔表示从没被妻子关心过，心凉透了，宁愿住工具房也不愿回家。邢叔叔的妻子一直接受着爱，却没有把爱回流给对方，最终失去了爱。

一家公司若没有"给予客户"的力量，若不是真正为客户着想，那么，早晚会失去客户。比如，前两年有个销售非常火爆的直销公司，打着爱的旗号坑蒙拐骗，疯狂夸大产品疗效，导致无数投资者的血汗钱打了水漂,更使一些顾客的身体受到伤害。满嘴的仁义道德掩饰不了实质的丑恶,他们不懂"给予良知",最终被法律狠狠教训,一夜梦碎。

我的一位好朋友的表姐是做投资的,她的情商与财商都很高,是我们学习的榜样。她说自己吃过"不懂给予"的亏:投资保守,舍不得将合适的资金投出去;合作保守,舍不得让出部分利益;交朋友保守,从不主动联系朋友,更别谈帮助朋友。在"遭遇了艰难却找不到一个人帮助"以后,她才开始反省自己,学会主动给予,财富才终于向她聚集而来。

而我本人也是在唤醒了给予的力量以后,人生之路才顺畅了起来!在此,期待你也迅速将它唤醒:给予亲友一个问候,给予孩子一个鼓励,给予家人一张笑脸,给予伴侣一份温暖,给予客户一颗真心……

接下来,我给大家分享敞开心扉的力量。一个人的内心有多敞开,他的人生之路就会有多宽阔。敞开心扉地向每一个人学习,敞开心扉地向每个有缘人付出,敞开心扉地体验每段生活,敞开心扉地包容一切不足,敞开心扉地祝福天地万物。

多年前,我报过一个外籍老师的培训课。由于我无法认同这个老师对我国某些不良现象以偏概全的看法,因此,我对这个老师的课程有种强烈的抵抗。他讲的一些内容,其他同学都觉得收获满满,而我却在他教的每个知识点里找漏洞。最后,我花了学费,却收获一堆"漏洞"。

后来，我在《毛泽东传》中读到有一大批爱国人士主动到国外学习，学成归来报效祖国的时候，我颇有恍然大悟的感觉。其实，我可以不喜欢那个老师以偏概全的部分，但可以学习他学识渊博的部分，以敞开的心向天下取经。随着岁月的流逝，我理解了之前不能理解的很多事。比如，之前我总喜欢扮演拯救者的角色，总是批评一些人和事，还自以为那是爱。

当我敞开心扉以后，才看清这一切都是控制的念头在作怪，只是当时不自知。每个人所经历的每一段旅程，于他而言，就是在那个阶段最需要的旅程，也是最正确的旅程。既然决定了敞开心扉，就应该收起那些浅薄的批判，对他人送上真诚的祝福。

敞开心扉也适用于孩子们上网课。前几天，孩子苦着一张脸抱怨："早晨八点开始读书，各科直播排到晚上九点半，然后还要写一堆作业，人都快累倒了。"我思考了一下，选择敞开心扉地相信一切都会变得美好：相信老师有分寸，相信我的孩子不会那么脆弱，相信一切经历都是孩子的"礼物"，包括困难。于是，我给他冲了一杯咖啡，用轻柔的声音对他说："既然都是要学习的，不如创造出享受的心态去学习，就像妈妈享受工作一样。加油！"

最后，我为大家送上我的一段随笔。

我的心是什么样子

世界就是什么样子
我的心挑剔，世界对我挑剔
我的心混乱，世界对我混乱
我的心怀疑，世界对我怀疑
我的心黑暗，世界对我黑暗
我的心欣赏，世界对我欣赏
我的心宁静，世界对我宁静
我的心坚定，世界对我坚定
我的心光明，世界对我光明
所以，我决定修好这颗心
对世界，敞开祝福，敞开爱
与高山大海轻语，与日月星辰干杯

九、"好话好运"与活在觉察里

一个人说话的方式决定着这个人的运气。有人把说话刻薄当成了为人直爽,伤了别人也害了自己;有人把谈吐作为个人的基本修养,温暖了别人也滋养了自己。

本章,我要与大家分享的第一个力量便是"好话好运"的力量。原来的我,不懂得"好话好运"的力量,每当发现孩子光脚在地上走,开口便责怪道:"活该你感冒!把鞋给我穿上,听见了没?"然后孩子气嘟嘟地穿上了鞋子。学会"好话好运"以后的我,再遇到这种情况,会幽默地对孩子讲:"亲爱的女儿,可以委托你一件事吗?"她眼睛眨巴眨巴地看着我,我继续讲:"可以委托你帮我的小心肝穿上鞋子吗?我可舍不得让她感冒!"孩子听了我的话,一边说肉麻死了,一边笑容如花地穿上了鞋子。

原来的我,不懂得"好话好运"的力量,每当发现孩子不认真学习,开口便发起火来:"你是要气我吗,简直是烂泥扶不上墙,不知道上进。"儿子也一脸不高兴地继续学习。学会"好话好运"以后的我,再遇到这种情况,会讲:"掐指一算,我家的天才现在就要开始发力了,现在他休息好了,要准备认真听课了。"儿子听了我的幽默提醒,一边露出不好意思的表情,一边把注意力放回到了学习上。

原来的我,不懂得"好话好运"的力量,每当发现孩子拿着手机玩,开口便训斥道:"我看你是没救了,气急了,我把它给,砸,喽!"学会"好话好运"以后的我,再遇到这种情况,会讲:"手机,谢谢你陪伴我家大宝这么长时间,你也累了,拜托去睡一会儿吧。为了我家大宝的身体健康,拜托你赶快去休息。"然后,允许孩子把正在进行的这一局游戏打完,孩子很快就能愉快地放下手机,下楼陪我打羽毛球了。

小鱼是个心直口快的女孩,她的丈夫是个不善言辞的小伙子。那天小鱼特意做了丈夫喜欢吃的油豆腐烧腊肉,满满的一大盆,丈夫高兴地开车往回赶。谁知道菜盛上来后,小鱼才发现油豆腐是坏的,一大盆菜只能倒掉。丈夫回家后听说了缘由,立刻黑了脸:"把我从那么远的地方叫回来,就可怜巴巴地吃一道青菜?"这若在以前,她一定气愤无比:"我辛苦了半天为你做饭,没有功劳也有苦劳吧!油豆腐坏了能怪我吗?"

好在小鱼最近得到了实践派家庭教育的指导,学会了使用"好话好运"的力量。面对丈夫的责怪,她定了几秒后说:"不好意思,是我马大哈了,下次会注意油豆腐不能放太久,我现在去楼下帮你打包个菜?"丈夫的脸上马上"多云转晴"了,并打趣道:"变得这么通情达理,我都快不习惯了,辛苦了,孩子她娘。"两个女儿围着他们咯咯直笑,毫无疑问,她们喜欢这样的父母。

"好话好运"的力量还可以用在自己的事业上。试想一下,如果一个上司对他的员工只有指责,没有鼓励,那么,若遇到只有通过民意调查才能升职的机会,他还能过关吗?

小宋在一家单位担任销售主管,工作半年了业绩依然没上去,每当老板与他谈话时,他总是能找到各种理由反驳:公司制度有问题;产品规划有缺陷;家族管理影响了我的发挥;公司把客户惯坏了;人事招来的销售员不合格;公司的售后跟不上……

公司老板终于忍受不了,直接给了他辞退信,宁愿赔偿几个月的工资给他。辞退时,老板告诉他:"感谢你的付出,不过这是拿结果说话的年代,它是对能力最公平的考核。"如果小宋懂得"好话好运"与自我反省,他就会如此回应:"非常抱歉,虽然我连续加夜班,但是依然没有提高销量,这是我能力不足造成的。我想听听您的建议,并且打算再尝试更多的努力,直到取得突破。"你若是他本人,听了自己的"好话好运",会不会更有干劲?你若是公司老板,听了小宋的"好话好运",会不会给予他更多的耐心?

既然"好话好运"的力量可以让家庭更和睦,也可以让自己的事业更顺利,那么,希望你也早点把这个力量带回家,让自己的家人笑起来、乐起来,让生活顺起来！

接下来，我与大家分享第二个力量——觉察力。很多人终其一生都在浑浑噩噩地过日子，不知道觉察力跟自己的人生有什么关系。觉察力是感觉与观察自己的能力，即感觉自己的每个起心动念，观察自己的每个情绪来源。

有段时间，我失去了觉察力，内心也因而陷入了混乱。讲课时，如果发现互动的人很少，我的内心就升起了抱怨："我如此付出，你们也一直受益，为何互动一下都不愿意？"还好觉察力站出来救了我，把我从贪欲的手中抢了回来。

我觉察自己：你的爱是有条件的，你的付出不够纯粹，大家对你已经足够好了；你缺少同理对方的能力，或许对方不知道如何互动，也或许忙得顾不上；你的要求会使本应受益的亲友感到压力；你对自己还不够自信，不确定大家是否有收获。

通过自我觉察，我看到了自己内心深处的阴暗面，立刻选择了直视问题并超越自己。我告诉自己：做一汪淡淡的清水，水就在这里，相信有需要的亲友会主动来取；没人来取水，就是对方还没有这个需要，你应当为他高兴并祝福他。然后我的心情便立刻愉悦起来，找回了轻松给予的力量。接着，我一边炒菜一边听书，身体像装上了快乐的马达，不由自主地舞动了起来。这样的我带动了整个家庭的向上能量，家里人都笑了起来！连邻居都问,你们家怎么那么开心?

觉察力也可以用在"叫孩子起床"这件事上。那天早上已经九点了,孩子还没起床早读,而其他同学都已经在网上打过卡了。这时,我的"本能"情绪出来了,很想把他骂起床,但觉察力止住了我的愤怒,它仿佛在说:"恐惧才会产生愤怒,你可以稳妥地将孩子带回到学习状态上,加油!"接着,我给他放了柔缓的音乐,并渐渐将声音调大,再用稳定的声调轻喊:"孩子,已经九点了,起床补早读了,现在还来得及!克服一下起床气吧!妈妈给你做了香喷喷的早餐。"可想而知,孩子顺利地起床了,并带着饱满的情绪补了早读。

以前在不懂自我觉察时,若遇到这种情况,我大概会愤怒而慌张地对孩子喊:"九点了还不起来,其他同学都打过卡了,快给我迅速起床!"而孩子则会气鼓鼓地拿出课本进行早读,气鼓鼓地度过一天。孩子脸上的表情就是爸妈真实的模样,父母若学会了"好话好运",孩子的语言自然也会充满美妙。

觉察力还可以用在事业上。比如,某家企业的老板一到月底就开始烦躁,他觉察到这个情绪来源于经济压力。于是,他先冷静下来,看看继续烦躁的后果:由自己引发的负能量将会在企业中蔓延,削弱员工的积极性,使完成营收变得更艰难;将焦灼的情绪带回家,整个家会被弄得乌云密布,孩子带着糟糕的心情学习,家人带着糟糕的心情上班。觉察到这些后果以后,他用打沙包的方式排解了压力,然后把积极的情绪带到工作与生活中。

　　一个活在自我觉察里的人无疑是智者,一个智者无疑在哪里都可以创造欢笑。请赶快把"好话好运"的力量运用到生活中吧!请赶快把觉察力请进你的家庭吧!你的家庭一定会因此快乐起来!

十、大自然是最好的疗愈师

当我们看到大海的图片时，顿时觉得自己的心变开阔了；当我们看到小船的图片时，顿时觉得自己的心变暖和了；当我们看到莲花的图片时，顿时觉得自己的心变干净了；当我们看到太阳的图片时，顿时觉得看到希望了。这些图片是那么的平静，看着它们都已经非常疗愈了，若走进真实的大自然必将更加美好！

本章，我与大家分享的第一个力量是自然疗愈的力量。大自然是非常实用的疗愈师，咱们一定要用好它！深圳离海比较近，许多家庭都喜欢去海边玩耍：搭起帐篷、捞起贝壳、水中嬉戏，乐趣数不胜数。我喜欢走进大海，做一场海中疗愈，让温柔的浪花按摩着我的双脚、凉爽的风儿抚摸着我的脸庞、海边的山景滋养着我的眼睛。

然后，我会闭上眼睛开始冥想：大海如母亲一样洗掉我的疲惫，浪花涌来一次，我的疲惫就被清理一些。接着，放眼望去，广阔无边的海是大自然对我的爱，这爱蔓延到了我的每一寸皮肤，驻扎到心窝的每一个角落。我会张开怀抱，对着远方喊道："大海，我爱你！

世界，我爱你！"（也可以在心中默默地喊）

在没有海的地方，我们可以走进高山，走进树林，想象呼吸的每一口氧气，都是大自然对你的爱。同样可以张开怀抱，对着高山或者树林喊道："高山/树林，我爱你！世界，我爱你！"

活着就是为了认真体验人这一生，体验蓝天、大海、高山、沙漠、草地、平原，体验泪，也体验爱。

我们来到了如此美妙的世界，难道不应该珍惜它吗？珍惜每处风景，珍惜每段时光，珍惜每种经历，这便是活着的意义。沙漠绿洲是疗愈师，青青草原是疗愈师，公园里的一树一花都是疗愈师。我们只需要静静地坐在大自然里，幸福地呼吸大树送来的氧气，愉快地轻嗅花儿送来的香气，温柔地感受风儿拂过的甜蜜，疗愈的效果已然开始产生！

接下来，我要与大家分享第二个力量——"自我"的力量。"自我"在这里并不是指自私或者高傲，而是找回自己。

华梦来到咨询室是想测试其婚姻的质量，如果是最低值就离婚。她的丈夫没有堂堂的仪表，也不懂浪漫，除了工作能吃苦，她实在想不到丈夫的其他的优点了。

华梦强调当初已经29岁，想着随便找个人就嫁了，她现在特别后悔这段不匹配的婚姻。在收集了她的成长资料以后，我们发现：她的"自我"很智慧，在29岁那个阶段她就需要这个踏实的男人，从而结束自己漂泊的旅程。华梦的父亲是个能说会道的生意人，但对家庭毫无责任感，在她的记忆里全是母亲的骂声与泪水，因此"绝不找与父亲一样的人"的念头已经种在了她的潜意识里。挑挑拣拣到29岁，娘家的五个兄弟姊妹都有了自己的小家，她更觉得如浮萍一般无依靠。所以，当她遇到了踏实的丈夫，便马上结了婚、生了子。与丈夫结合了以后，她的其他需求才逐渐显现出来，比如浪漫。显然，性格内向的丈夫给不了她这种需求，于是她就找了借口来否定当初（明明是经过深思熟虑过）的选择。她因生活中鸡毛蒜皮的小事丢掉了"自我"，用一万个理由来证实自己的丈夫有多不适合自己。

难道，选择了有情调的男人，就没有烦恼了吗？测评中，她写出了丈夫八九个优点：挣的钱都给家里、特别能吃苦、孝顺岳母、为人实在、能细心照料生病时的妻子……她的潜意识不想离婚，而怂恿她离婚的是夸大以后的委屈。在面对"自我"以后，她尝试着修复夫妻关系，主动理解和关心丈夫。几天后华梦发来了微信："老师，我的丈夫从木头版升级为了温情版，这份收获来源于您的帮助，也来源于转变之后的我。"

有句话说，懂得爱自己的人才懂得爱他人。同样的，不懂得爱自己的人，也温暖不了他人。

生命的真相是：每个人都有自己的思维，每个家庭都有自己的思维。为了显示权威而攻击他人，往往会变成自我攻击。丢了"自我"的人容易把爱变成控制；丢了自信的人容易把低落期当成永恒。只有找回了"自我"，懂得了爱自己，你才会明白：所有的计较都是自我伤害。

铁经历高温反复地烧，再经历冷水反复地浇，才变成了坚不可摧的钢！而你我，又何必畏惧走向情绪稳定的途中所遇到的火与冰！大自然与找回"自我"都是疗愈师，而最好的疗愈师却是它们的"母亲"——爱！我们要学会爱大自然，学会爱自己，然后才会拥有爱的能力。

十一、什么样的人容易有心理障碍

心理状态来源于人的认知系统,认知系统出了问题才会导致心理障碍。人在接受外界输入的信息后,经过头脑的加工处理,转换成内在的心理活动,进而支配人的行为,这一过程就是信息加工的过程,也是认知的过程。用一句通俗的话来解释,认知就是你对事物的看法。治疗心理障碍的最佳办法就是调整错误的认知。比如,在孩子与父母起冲突后,有的家长认为这是一件好事,能促进家庭更好地成长,于是在发生冲突后,家长会尽快与孩子和解;而有的家长却认为这是一件坏事,是孩子不体谅父母,结果陷在悲伤里出不来,并跟孩子冷战。

虽然一个人对事物的看法越正面,心理越健康,但有心理障碍也并不等于生病。每个人或多或少都有一些心理障碍,可分为轻微、轻度、中度、重度,而且心理障碍还可以分为不同的类型。发现有心理障碍时不用回避,及时进行科学的疏通即可。

经过深度研究家庭心理问题,我发现有以下情况者容易患严重心理障碍:

(1) 在激烈争吵环境里长大。
(2) 父母性格偏执。
(3) 家庭缺少与朋友的交往。
(4) 经历过重大变故。
(5) 对新环境无法适应。
(6) 身体有缺陷。
(7) 从不被家人重视。
(8) 被寄予过高的期望。

本章，我把温情的力量与家聊的力量分享给大家，这两种力量可以很好地缓解心理障碍。有一位女士，在她第一次来咨询的时候，刚与第二任丈夫离了婚。在回忆成长经历时，她描述了这样一幕：14寸的黑白电视正在播放好听的童谣，"旋转木马哗啦啦……"她和妹妹也高高兴兴地跟着电视合唱，这时母亲却号啕大哭地跑过来，用凳子砸向了电视，还对她们吼道："要不是为了你们，我早就走了，让你们看电视，让你们看！"原来她的父母又打架了，而这对她们来说是家常便饭。后来她再也不听这首歌了。有一次带着孩子去公园，孩子跟着旋转木马的音乐哼了几句，她仿佛瞬间被母亲附身，竟啪啪给了孩子两个耳光。两任丈夫都因受不了她的神经质而离婚了。

这位女士偶尔躁狂属于中度心理障碍的一种，这是由成长环境造成的。童年阴影成了她认知的一部分，"遇到问题就攻击"成了她无意识的习惯，忘掉成长是不可能的，但要改掉这个坏习惯还是有希望的。在我们的指导下，她学会了科学排解情绪，又学会了"好语好运"，还学会了"种爱得爱"。如今的她正在热恋中，感情稳定。她得到了什么指导呢？首先，接受阴影存在的事实，在心里给它留一个小小的角落：允许它存在，但绝不允许自己的人生被它控制。其次，当莫名的暴躁来临时，运用反向发泄法：

（1）用手捂住自己的嘴巴，想象把话按回自己的肚子里。

（2）忘记一切束缚，在心里骂个痛快。

（3）闭上眼睛深呼吸，同时想象自己呼出去的是"家庭的负面情绪"，再想象吸进来的是"家庭的未来幸福"。带着想象反复地呼吸，直到内心平静下来。

（4）将内心的空间扩大再扩大，把它想象成房子、院子、大海、蓝天，而那个童年阴影则越来越小。

（5）对争执的家人点头微笑道："可能你是对的，我再好好想一下。"

坚持训练了半年，她的情绪越来越稳定，即便有反复也能很快地调整过来，孩子与男友都喜欢这样的她。

无论是在婚内还是已离婚，激烈的争吵都会将孩子推向心灵的苦海。为了孩子的幸福，父母应避免在孩子面前互相攻击，更不要在孩子心里种下恨父亲/母亲的种子。严重心理障碍有个必然条件：压抑情绪的常年堆积。因此，我们在前面的 10 个章节里，花了大量篇幅教大家排解消极情绪，希望大家能认真践行。

为什么说偏执的父母更容易养育出严重心理障碍的孩子呢？因为孩子"复制"了父母的偏激与固执，再加上成长中缺乏温情,所以容易产生心理障碍。身为父母,我们改变不了自己的成长环境,但可以为孩子打造一个健康的成长环境。父母要尝试站在不同角度看问题,尝试听听别人的意见,尝试给他人点赞。只有父母从偏执里抽离出来,才能很好地阻止孩子走向严重的心理障碍。

为什么缺少与朋友交往的家庭更容易养育出严重心理障碍的孩子呢?因为如果父母不懂得健康交往,而只喜欢在家里聊亲友的不好,喜欢斤斤计较,又不主动与亲友走动,那么,在这样的环境里,孩子也就学会了在人际关系里挑剔对方,自己不愿意付出,却总抱怨别人给得不够。如此,孩子会变得越来越孤单,日久积累便形成社交困难。这可以通过家聊的力量来疗愈。家聊时,父母可以与孩子分享如何选择朋友,如何主动与好朋友交流,如何把握交朋友的分寸,如何让眼里容得下沙子,如何谦虚地学习朋友的优点。此外,还可以多聊聊家庭遇到的暖心事,使孩子的心灵更健康。

十二、读好书疗愈，乱读书抑郁

我常常对朋友们说："我能从严重抑郁里面走出来，还能获得小小的成就与大大的幸福，这多亏了爱读书，读好书。"读书有很好的疗愈效果，我是经历者。读好书，情感可以伴着故事共鸣，悲伤可以随着文字倾泻，意志可以跟着主人公走向坚毅。读书可以扩展你的知识广度。古今中外的人物都可以成为指引你的明师，还可以成为陪伴你的朋友，随叫随到，好不自在。

爱上阅读经典以后，我感觉天地格外广阔了，因为书中有取之不尽的智慧。我在对抗抑郁的那个过程，又重读了"四大名著"、《平凡的世界》、《战争与和平》、《文化苦旅》、《千年一叹》、《大学》、《道德经》、《阳明心学》、《了凡四训》等。书中的许多场景仿佛历历在目，我读到了人本身就有无限的张力，也学会了在逆境中保持希望。每年的四月是读书月，各所学校都在宣传读书，这真是好极了。我特别喜欢儿子的语文老师，在她以身作则的带动下，一群少年日日朗读，于灵魂里种下了美好的种子。

多读书的人能够站在时代最前沿，敏锐地感知社会需求，并在某个领域里不断突破，进而为社会做出贡献。

儿歌《读书郎》让我颇有感触。小时候只是跟着唱，没有静静地思考过它的含义，如今人到中年再来听，对作者的敬佩油然而生。歌词里讲，读书"不是为做官，也不是为面子光"，真是太有智慧了。只为做官而读书的人，若没有真正的利民精神，即便做了官，早晚也会下台；只为面子而读书的人，若处处显摆地活在虚荣里，那么早晚会倒在虚荣里。读书是为了丰富自己的见识，是为了给社会做贡献，如此，才可能收获幸福。

这首儿歌的歌词里还写道："只为穷人要翻身，不受人欺负呀不做牛和羊。"本以为这只是旧时代的写照，也就唱着乐呵一下。而今恍然大悟，这句话在哪个时代都通用呀！因不读书而上当的人还少吗？因知识量不够而被误导的人还少吗？什么"鞋垫包治百病"，什么"找对了风口猪都能飞起来"，什么"躺着就能赚钱的行业"……他们使多少人的血汗钱不见了踪影？如果多读书，如果懂得基本的常识，如果知道最起码的分析，还会被骗吗？包治百病不符合医学常识，猪能飞起来不大现实，躺着就能赚钱的事只会发生在梦里。

现在网络文章泛滥，有多少人被"毒鸡汤"带偏。读好书可以疗愈身心，但是乱读书则可能导致抑郁。负能量的文字只是投其所好地写了你认同的观点，所以你误以为找到了知音，而实则是遭遇了"毒鸡汤"。

如果你的观点是对的，为何生活过得一团糟？既然生活过得一团糟，就说明你的认知有问题，需要改变。不进行自我反省却在"毒鸡汤"里找认同感，这不是将自己推向抑郁吗？"毒鸡汤"理解你的孤单，却没告诉你摆脱孤单的最好办法是提升自己；"毒鸡汤"同情你的遭遇，却没告诉你一切都是自己争取来的。自己向上，所遇皆为阳光。

看书一定要有选择：看伟大领袖的书，或多或少会学到领袖的心胸似海；看世界首富的书，或多或少会接收到首富的理财思维；看优秀作家的书，或多或少会汲取到知识的精华。如果看价值观扭曲的书呢？如果看宣扬血腥暴力的书呢？请记住，好书如瑰宝，坏书如砒霜。

关于书籍的选择，家长务必要帮孩子把关，不是要欢迎所有的书都进入你的家，而是要欢迎好书进入你的家。如果孩子已经看了不少负能量的书，家长不要担心，只要想扭转，便有机会。下面分享几个小妙招：

（1）邪不压正的较量：家长与孩子多聊聊现实中令人感动的人和事，比如某某与我们非亲非故，却对我们这么好，这说明世界上还是好人多；同时告诉孩子，一般的人从没经历过那本书里的黑暗，它可能有夸大的成分。

（2）为社会付出：让"关爱的能量"超过"渣书的能量"，比如带孩子到公园打扫垃圾、送水给清洁工。

（3）正面冲击力：家长带孩子拜访受正面书籍影响

的朋友,从而起到潜移默化的作用。

(4)家长尝试和孩子一起看名著,还可以选择听书的方式,并常与孩子探讨书中的内容。

(5)尽量选择原著,哪怕看第一遍时比较吃力,也要坚持啃下来。比如,在看《三国演义》时,可以配合同名电视剧一起来看。看一集再读一章原著,若看不懂再看一遍,还可以多查资料。弄懂而不贪多,哪怕三天懂一篇,也比一天应付三篇好。

(6)"四大名著"与传统经典《大学》《道德经》《论语》等,值得反复看。第一遍吃力,第二遍略懂,第三遍犹如进了世界宝库,每一章、每一句都是臻宝。

孔子曰:学而不思则罔,思而不学则殆。一味地读书而不思考,就理解不了书里的深刻意义,甚至会陷入迷茫;一味地空想而不践行,则终究是沙上建塔,一无所得。读书的力量你收到了吗?希望你能赶快践行起来!

十三、拎得清,你才过得好

本章,我们一起来聊聊"甜蜜的修复力",这种修复力适用的范围非常广泛,可用于亲子关系、夫妻关系、亲情关系、朋友关系、同事关系、师生关系等。

娅婕在家带两个孩子,同时还负责微商团队的管理。每天早上六点她就开始忙碌,一直到晚上十二点才能睡觉,有时太困了,也只能趴在餐桌上睡一会。丈夫经营红酒生意,很少在家里吃饭,更别说帮忙管一下孩子了。有家长说陪孩子上网课丢了半条命,要工作还要带孩子的娅婕感觉快丢了整条命。

小儿子本来就爱动,学习基础没打牢,上网课期间更是心不在焉。孩子的作业经常不提交,老师在班级群里一提醒孩子,孩子爷爷就打电话过来了,这位做了多年校长的爷爷受不了孙子被老师点名。在老家时,因为孩子要用爷爷的手机提交作业,所以爷爷也加入了班级群。他只看到孙子被老师点名,却没看到娅婕忙得昏天暗地。但孩子爷爷是长辈,娅婕又能说什么呢?只有将满肚子苦水化为泪水偷偷流。

有时候她正在给小儿子讲题目,却看见青春期的大儿子在那里发牢骚,一声比一声高地喊着:"烦死了,烦死了,烦死了,周末还要考试!"刚跟大儿子聊了几句,代理的咨询视频又来了。她强装欢颜地为压货的代理疏通了情绪,电话挂掉后回头一看,孩子们竟然打起游戏了,再看厨房一堆没洗的碗与客厅一地的杂物,这鸡飞狗跳的日子使她再也绷不住了。

娅婕怒目瞪眼,冲着两个孩子凶起来:"你们都不想认真学习,那就把学退了,回老家吧!"丈夫早不回来晚不回来,偏偏这时候回来了。他不仅没有调节这紧张的气氛,还冷冰冰地说:"哪有这样说孩子的,不傻都被你训傻了。"两个孩子听了爸爸的话,也都跟着气鼓鼓地别着脖子,仿佛受了很大的委屈一样。

待在家里的这三个月,母子三人也不是第一次发生冲突了,之前比这个更厉害的都有。不过那会孩子们知道是自己犯错了,乖乖地回到书桌前学习。娅婕气消了以后,也会很快地跟孩子们和好,给他们做美食,陪他们谈心。可这次爸爸的加入,把事情带向了更糟糕的局面。那一瞬间娅婕真想永远离开这个家。不仅自己的付出被忽视,而且一丁点儿的不足还被一大家子指责,这让她感到十分委屈。

如果丈夫懂得"甜蜜的修复力",心中揣着对妻子的感谢,且相信孩子不会那么脆弱,那又会怎样呢?那么,他会赶快对孩子们讲:"好儿子,被妈妈骂了还没受伤,这是两个强者呀!总统都会被人批评,被自己的妈妈讲一下，算啥！"再对妻子讲："消消气，消消气，儿子马上就会好好学习的。你就是刀子嘴豆腐心，骂完了又给他们做好吃的！我都羡慕他们了！"

大家感受一下，如果丈夫这么做，家里的气氛会走向何方？这就是"甜蜜的修复力"的具体运用：既修复了孩子受挫的心，又支援了妻子的无助，还维护了家庭的和谐。其实，妻子与孩子本来就具备这种力量。丈夫没在家的时候，孩子们听了妈妈的批评很快便投入学业，这就是修复；妻子发完牢骚后，又与孩子们幸福互动，这也是修复。反倒是丈夫的加入，破坏了这种修复力，这也可以看出丈夫的内心装着不信任的磁场，而且威力还不小。好在娅婕丈夫是个听得进去意见的人，愿意在实践派家庭教育的指导下，慢慢改变自己。我也坚信他们的家庭氛围会越来越好！

我自己也常常使用"甜蜜的修复力"。有一次月考，孩子考得很糟糕，情绪非常低落。此时，我要做的是及时修复孩子对学习的信心！

于是，我冲了两杯咖啡，真诚地对儿子说："孩子，你是好样的！妈妈忙于工作，很少陪着你学习，你却一直坚持，没有放弃学习，妈妈为你有上进心而自豪。"孩子的情绪放松了一些，我继续说道："战场上没有常胜的将军，不必纠结已经过去的成绩，妈妈陪你放眼明天！咱们分析一下，是没规划好学习时间，还是知识点没有掌握，再一一克服，总会进步的！""甜蜜的修复力"不一定能使我的孩子考试成绩名列前茅，但我知道从此他有了从容面对的根基。

接下来，我要给大家分享"拎得清"的力量。

人在时时处处都要运用"拎得清"的力量。我在做心理咨询的早期，总是把客户的烦恼背到自己身上，从而导致自己严重抑郁。幸好最后我从抑郁中走了出来，并开始把责任拎得很清：陪伴客户是我的责任，但是客户的人生属于他自己；心理咨询师是一个点灯的人，路还得靠客户自己走，我只要带着轻松、愉悦的状态去帮助客户就足够了。

这些年开了很多心理讲座，每次我都会对学员说："要以人为本，以家庭为本。如果孩子这两天需要你，那么照顾孩子比听课更重要！"参加学习本来就是为了使自己的家庭变得更好，为了学习而没有照顾好家庭，那是本末倒置。大家不要盲目相信任何学习方法，包括我教给你们的方法也不要盲目相信。千个家庭万种情况，只要有利于你家庭关系变好的方法，都可以尝试；但无论是多好的方法，若对你的家庭关系起到了相反的作用，便要立刻停止。

还有很多年轻的父母拎不清责任，实际上，养育孩子是自己的责任，而不是长辈的责任。既然长辈帮你承担了责任，那么就不要挑剔一些细枝末叶了。长辈按照自己的方法带孩子，问题也不大，因为你还可以做补充教育。

有的人拎不清原生家庭与新生家庭的边界线，把原生家庭的诸多问题带到新生家庭来，使伴侣与孩子跟着苦恼，从而又复制出一个不快乐的家庭。因此，我们要学会拎得清原生家庭和新生家庭的边界线，比如，孝顺父母不等于接受父母的负面情绪。父母吵完架就和好了，而你的坏情绪却蔓延至自己的小家庭，不仅破坏夫妻之间的感情，而且影响成长中的孩子。

无论是亲情、友情还是爱情，都要具备"拎得清"的力量。比如，什么是你要管的？什么是你不必费心的？什么是你该承受的？什么是你不必承受的？拎得清，才能过得好。在守住自己的边界的同时，不要越过他人的边界，哪怕是亲人或爱人的。最好的爱是信任与祝福，而不是越界干涉。

"拎得清"看似有些冷漠，其实它充满了爱与温度，会使你更加幸福！"甜蜜的修复力"与"拎得清"的力量已经送到你的心门口了，你准备好把它们请回家了吗？

十四、学会欣赏自己以后，
　　终于顺利了起来

本章，我要分享给大家的力量是欣赏自己的力量。其实，很多人都缺乏这个力量，我曾经也一样。人们从不欣赏自己开始，慢慢发展为不欣赏他人。不欣赏他人又分为亲近排斥与自我排斥。亲近排斥是指没办法欣赏离自己比较近的人。比如，人们不会看不惯比尔·盖茨，却总是看不惯身边赚了钱的亲友。

阿强就属于这种亲近排斥的人，他头脑聪明又能吃苦，在单位发展得不错。五年前，他已经成了分公司的二把手，可自己仿佛就被卡在这里，职位再也升不上去了。分公司的总经理已经换了几个，总部仍然没有提拔他的意思。每换一次总经理，他的情绪都要糟糕好久。由于在单位不好发作，他就把情绪全部带回了家，不是与妻子吵架便是教训孩子。起先他的妻子还以为他有外遇，因而来做家庭咨询。

一开始，阿强总念叨着孩子的不足以及妻子的缺点。绕了好大一圈，才说出自己在工作中的巨大压力，而且这种不平衡的感受已经积压了两年之久。这两年，他没有发自内心地佩服过任何人,特别是调过来的总经理们,要么认为对方是凭关系进来的,要么瞧不上对方的学历,要么认为对方只是运气好,要么认为对方只是会搞人际关系。总之,他的内心充满了各种不服气。精力都放在不服气上了,业务水平又怎么能提高?事实是最公正的裁判,它不会被任何假象蒙蔽。

阿强若具备"欣赏他人"的能力,前途或许早就不一样了。如果以一把手的标准来提升自己,然后踏踏实实地向人家学习,那么他早晚会升职。阿强为什么没有欣赏他人的能力呢?揭开其成长经历后,真相浮现在了我们眼前。

阿强当年没考上重点中学,父母说他一到考试就"熄火";他周末在家休息,父母讲,看谁谁多能干;他工作后,父母讲,那谁谁工资比你高;他做到分公司的二把手了,父母讲,别人都做大老板了,你有啥嘚瑟的?不被欣赏的人又怎么懂得去欣赏别人?久而久之,阿强仿佛被父母催眠了,在他的潜意识里也认为自己不够好。

不欣赏别人,归根结底是不欣赏自己。如果欣赏自己,就能看到伴侣的优点,因为伴侣代表了你的眼光;如果欣赏自己,就能看到孩子的长处,因为孩子来自你的培养;如果欣赏自己,就能看到每个人的闪光点,因为这代表了你的格局;如果欣赏自己,就能找到除抵抗以外的表达方式,因为这代表了你的智慧;如果欣赏自己,就不会被暂时的低落打倒,因为这代表了你的底气。

如果仍然没有学会欣赏自己,那么接下来就会走向亲近排斥,很容易形成挑剔型人格:伴侣、孩子、家人、同事、朋友、领导等,挑一切可挑之刺。即便是曾经欣赏过的人,可一旦走近,对他的欣赏便立刻消失。哪怕欣赏名人,也会经常更换对象。人与人之间的交往讲究互相,不欣赏他人自然也不被他人欣赏,长期如此,必然走向极端。

不会欣赏他人的另一种类型是自我排斥,表现在:看别人哪里都好,看自己则一无是处,总是在"羡慕"与"自卑"里转圈。柳女士就是这样,她因为胖而自卑,拒绝参加丈夫公司的聚餐。有一次见了比自己更胖的表妹,柳女士彻底改变了自己的认知:这女孩留着寸头,戴着单耳环,衣着光鲜大气,气场还很强大,颇受家人的欢迎。

柳女士将自己的困惑讲给表妹听,表妹回答了一句:"你看得起自己,就不怕被人看不起了。"表妹的话给了她很大的冲击力,她开始拾掇自己,并且捡起了考过八级的英语。如今,她大大方方地走进了丈夫的圈子,流利的英语与不错的为人处世方式,让她迅速得到了大家的好评。

此刻,我想对你们说:你就是最好的你,你就是自己世界的冠军!如果别人有与你一样的经历,或许早就一蹶不振了,你已经很优秀了!要欣赏强大的自己,你值得被欣赏。自我欣赏而不欣赏他人,这是自恋;自我欣赏又欣赏他人,这才是真正的自信。要相信你有发现美的能力,如此,更多美好的事物才愿意向你靠近。自我欣赏与发现美,都可以通过训练而获得。

自我欣赏的获取方式有:每天表扬自己三次,表扬自己的优点与进步。可以把表扬的内容写在笔记本上,每天两三句足矣。

发现美的获取方式有:每天随机赞美三个人,把他们值得学习的地方记下来,并且感谢他们促进了你的成长,在内心深处给予他们最真诚的祝福。

咱们可以感受一下,当全心全意祝福生命中遇过的每个亲友的时候,内心的感觉如何?是平静、轻松、美好,对吗?带着这种状态去工作、去生活,一定会越来越顺利!

十五、摆脱敏感与脆弱的实用方式

本章,咱们来聊聊如何摆脱敏感与脆弱。坦白地讲,摆脱敏感与脆弱最好的方法就是接受它们的存在。事实上,谁也摆脱不了敏感与脆弱,因为这是我们完整生命中的一部分。不过,我们可以摆脱它们的控制。人如果被敏感与脆弱所控制,就会衍生出破坏行为,破坏自我的心境,甚至破坏集体情绪,把集体带入晦暗的情绪空间。

这个情绪空间是一个看不到,却真实存在的空间,它也有阴晴圆缺、风霜雨雪。人会随时进入这个空间,并准确地感受这个空间。敏感与脆弱是这个空间里的小雨,有了它,心田将被滋润得更好。但若放任它,便会变成洪涝灾害。因此,让我们一起来认识它、管理它。

敏感与脆弱一般表现为:喜欢胡思乱想;喜欢揣摩他人的心思;喜欢把他人无意的表情或者语言影射到自己身上,并因此而低落或者生气;承受力弱,接受不了批评和否定,或者一蹶不振,或者强烈抵抗。轻微的敏感与脆弱,可以更好地促进我们完善自我。

现在，我们重点来关注严重的敏感与脆弱，看看一般会发生在哪些人身上：
（1）在被否定的环境里长大。
（2）对未来怀有恐惧。
（3）追求完美。
（4）压力过大。
（5）缺乏独立思考。
（6）享受悲情。

在被否定的环境里长大，包括个体被父母否定，家庭被家族否定，家族被环境否定。这些源于成长中的伤，影响了一个人的性格。早点觉知、早点调整，可以使人早点走向光明。父母对你的否定，并不是你真的不行，而是他们的表达方式有问题。他们不高兴的时候，可能对谁都否定，不止对你。

在此，我要与大家分享的第一个力量是正视的力量。当敏感与脆弱来临时，勇敢地正视它，再超越它。正视的步骤如下：
（1）把右手放在心口，并与自己对话："亲爱的××（你的名字），你可以敏感一会儿、脆弱一会儿，我陪着你。"
（2）就算最坏的情况是我猜想的那样，又如何？我会被打垮吗？
（3）发自内心地微笑，举起右拳给自己加油："不！我不会被打垮的！真实的我充满了勇气！害怕只是我的幻觉。"
（4）幻觉来源于过往被否定的经历，我该放下了。

（5）把敏感与脆弱想象成一个实物并捧在手心，然后打开窗户，朝着太阳的方向送出去。对自己说："太阳啊，敏感与脆弱是过往的，不是我的，感谢您把它们收走！"

（6）原地拥抱自己，让勇敢的自己回归。

关于第四步的"放下"，这里还需要做一个深入的指导。如果晦暗的情绪来源于个体被父母否定，你可以把父母想象成一个坐在院子里的人，而你坐在飞机上，以更广的视角来看他们，再看看其他院子里的父母。这时候你便看到了真相：父母不是最糟糕的父母，自己也不是最糟糕的孩子。

如果晦暗的情绪来源于家庭被家族否定，你可以把家庭想象成一个坐在院子里的人，而你同样坐在飞机上，以更广的视角来看家族里的其他家庭。这时候你便看到了真相：你的家庭不是最糟糕的家庭。由于立场不同、时间段不同，亲戚之间会互相否定，但彼此也会互相温暖。所谓的否定，那只是对方的发泄，并不代表你的家庭真的不好。

如果晦暗的情绪来源于家族被环境否定。你可以想象整个家族都坐在一块空地上，你依然坐在飞机上，以更广的视角来看其他家族。这时候你便看到了真相：你的家族不是最糟糕的家族。

这就是"放下"的过程，进行完这个过程再走入第五步——把敏感与脆弱送走。

为什么要把"被否定的成长环境"讲得这么透,因为它是人生的"根",敏感和脆弱都是从这里长出来的。如果人处于被肯定的环境,哪里还会变得敏感?如果人处于强大的环境,哪里还会变得脆弱?你自己的成长环境已经无法改变,但你可以给孩子打造一个被肯定且强大的环境!

陷入经济困境了不要愁眉苦脸,要告诉孩子:"虽然家里有困难,但是爸妈不会被困难吓倒。只要我们踏实努力,困难就一定会过去!"这就是给孩子打造强大的环境,在如此环境里长大的孩子,哪里还会变得脆弱?被人嘲笑了不要愤怒,要告诉孩子:"虽然被人嘲笑了,但是爸妈不会活在别人的嘴巴里,我们的人生属于自己,让自己变得更好,这是对嘲笑最好的反击!"这便是给孩子打造自我肯定的环境,在如此环境里长大的孩子,哪里还会变得敏感?

对未来怀有恐惧的人只需要知道一个事实:很多恐惧往往都是自己幻想出来的,并非现实存在。幻想太多,才引发了你的脆弱、敏感与紧张情绪。

接下来,我与大家分享第二个力量——穿越的力量。完美主义者、压力过大的人、缺乏独立思考能力的人、享受悲情的人,这些人的敏感与脆弱问题,都可以靠这个力量来解决。

完美主义者的敏感与脆弱是因为活在梦里，不敢踏进现实，受不了一点儿否定与打击。应对的方法就是这句最简单的老话——"以毒攻毒"。听到不同声音的时候，告诉自己："让我疼的是对我有帮助的！我可以被人否定，我可以被人误会，我可以被人打击，每个人都在经历这些，我也承受得住！"不断给自己强化这个观念，自己也就能慢慢走回现实，心怀也就开阔了。

因压力过大而造成的敏感与脆弱，释压是最好也是最有效的方法。谈心、运动、歌唱、画画、静心等都可以。因缺乏独立思考而造成的敏感与脆弱，增长自己的知识是最好的方法，也是最有效的方法。此外，还可以选择面对真相：你怀疑哪个朋友误会你了，直接与其进行沟通，讲出你的担心。如果是想多了，便可以松一口气；如果确实是产生误会了，便可冷静地进行修复；如果无法挽回了，那就接受缘来缘去并祝福对方。无论是哪种情况，都可以带你从敏感里走出来。

享受悲情带来的敏感脆弱，这种情况也叫享受"受害"，往往连当事人自己都不知道。这是由于当事人习惯了被关注与被帮助，也习惯了随时发泄与随时诉苦。对此，可以用穿越的力量，把事实写出来，贴在眼前提醒自己。用一张大大的纸，写上这个公式：走向阳光 > 一直悲情。当再次夸大自己的不幸时，看看这个公式，然后转头走向阳光。比如，当下孩子正让你生气，看看公式后想想孩子给你带来过的快乐，这就容易使你从悲情走向阳光。人是有感情的,可以允许自己悲情,但切莫一直悲情。当低落来临时,应根据具体情况定个闹铃,比如允许自己低落半个小时,在此期间可以哭,也可以脆弱。闹钟一响,应立刻振作精神,走向阳光!

十六、如何面对经济焦虑

疫情暴发后,人们的生活或多或少都受到了一些影响,各行各业也都受到了不小的冲击。

我的一个好朋友在 2019 年国庆后刚装修了 KTV,并且更换了音响设备,想着春节期间会客源滚滚,谁知道疫情突然而至。收入停摆,房贷、车贷、装修贷却没停摆。因不断接到银行的催款电话,他变得越来越焦虑,脾气也随之暴躁起来,对家人说话的语气非常冲,父母与妻子的心情都被他影响了,家里的气氛也越来越压抑。发现家庭气氛不对,他便开始整天闷闷不乐,焦虑、失眠、头痛、神经衰弱等接踵而来,这又导致了思维混乱,使他感到越来越迷茫。

那天他实在撑不住了,来我们的咨询室待了一会。我给他沏上一壶热腾腾的茶,放上一曲空灵美妙的音乐,三五好友便坐了下来。他问大家:"你们的业务都没受到影响吗?"我们都轻轻地笑了笑,都是做企业的,谁又比谁好到哪里去?无非都是积极面对罢了。

于是,开 KTV 的朋友问我:"张老师,您有什么建议?"我说:"你跟银行好好沟通,疫情期间,店没有开张,请求银行多宽限一些时日,一旦有进账立刻打过去。"在座的陶姐也点了点头,说:"是的,经商要讲究信用,哪怕每月先还一点,也是你的态度。"

思路清晰了,事情就好办了,这年头因创业而负债不丢人,不敢承担责任才丢人。在做足了防控措施,积极地向所在区域申请了复工以后,他的账面流水也渐渐多了起来。

在此,我给大家分享面对的力量。既然困难来到了眼前,躲是躲不掉的,不妨直接面对。你若积极,身边的人或事都会变得积极起来。

接下来,我给大家分享"磨刀"的力量。在我很小的时候,就常常听外婆说"天黑磨刀,天亮砍柴"。小时候不懂,如今,我越来越能理解这句话的真谛。想消除经济焦虑就要培养"磨刀"的能力,而自己就是那把"刀"。说到底,就是磨自己:一要磨掉盲目,二要磨掉情绪,三要磨掉懒惰。

而在现实中有多少人正在干着"不磨刀瞎流汗"的事呀!疫情期间,有多少人浪费了宝贵的光阴,又有多少人见缝插针地提升了自己。无论在哪个行业,从不钻研只知道傻干,这就是盲目。

大部分人在处理事务的时候,表达情绪占了90%,解决事情只占了10%,能把这个数据颠倒过来的,基本都是成功之人。按道理讲，人到 25 岁，心理各方面就该成熟了，可有的人活了一辈子也不成熟，但凡遇到一点事情就容易情绪化。因此，我们要"磨"情绪，哪怕把情绪"磨"至 50%，人生也会有很大的进步。把那些与人怄气、较劲的时间用来学习吧，自己能力的提升便是最好的证明！

再来谈谈磨掉懒惰。在我的老家有一句俗话：天下饿不死勤快人。勤劳致富是中华民族的优秀传统。今天的我们不仅要勤劳，还要有智慧，二者缺一不可。情绪管理好了又学习到了知识，那么就开始行动吧，不行动永远都只是空谈。此刻，我又想起了我心中的女英雄——我的外婆，她对我的人生有极大的影响。外婆出生在富裕家庭，衣食住行都彰显着让人羡慕的优越，后来遭遇战火，家道中落。但是，这个曾经生活优越的女子没有被困难打倒，靠自己勤劳的双手养大了六个孩子。

我的妈妈也继承了外婆的勤劳，在我的记忆中，天黑了她还没睡，天未亮她已忙碌了好久。前段时间有朋友问我："你怎么那么有智慧？是天生的吗？"我想了一会，回答道："智慧谈不上，成就我的是勤劳。"认定实践派家庭教育了以后，我便没有停止过学习，更没有停止过践行。我还记得，当时白天要做生意，只有晚上才能学习，我就把孩子放在电脑旁的婴儿车上，哭了便摇几下。我从没觉得委屈过，因为外婆的话常常回荡在耳旁："人的日子靠自己熬！忙不丢人，闲丢人！"

现在有不少的年轻人，明明已经啃老很久了，却仍然对工作挑肥拣瘦。做人终究要靠勤奋努力才能生活得好，每赚一分，压力总会少一分，待在原地不动，压力只会越来越大！

面对的力量与"磨刀"的力量已经分享给大家了，有了这两个力量，相信因经济带来的焦虑就会渐渐远离你。

十七、真正接纳孩子

本章,让我们再把视线聚焦到亲子关系板块。

家长咨询最多的问题有:
(1) 孩子学习不自觉。
(2) 孩子情绪消极、负面。
(3) 孩子叛逆,对抗父母。
(4) 孩子学习懒惰、散漫。
(5) 孩子焦虑、抑郁。

我们都知道,孩子的问题源于家庭,家庭问题解决了,孩子的问题便迎刃而解了。家庭问题包括夫妻关系、家庭习惯、认知矫正等。

在此,我先把一些实用的应对方法分享给大家,因为我知道空谈大道理解决不了实际问题,过于随意也解决不了实际问题,只有理论+实践才能解决实际问题。

孩子学习不自觉,这与习惯的养成有关。每当讲到这个话题,我其实蛮尴尬的,因为自己孩子的学习习惯也不怎么样。但我没有因孩子的学习习惯不佳而过度紧张,在研究实践派家庭教育的这些年,我看到的实际情况是:98%的孩子学习习惯都不怎么样,至少达不到家长与老师的要求。

这是不是就意味着我们要放弃对孩子学习习惯的培养,放任自流呢?肯定不是!家长要把督促孩子培养学习习惯这件事,当成一个常态化的责任。孩子学走路的时候不断摔跤,家长总是充满了爱与耐心,一次又一次地把他们扶起。在孩子学做人的时候,家长也应当如此。具体方法如下:

(1)掌握三七定律,即对孩子包容,引导七次再痛快批评三次。包容要建立在不违反道德与法律的基础上,痛快批评要注意只针对事件而不攻击孩子的自尊与人格。

(2)运用互补原则。当孩子悲观低落时,家长应给予理解与爱,允许他放松片刻;当孩子得意忘形时,家长应给予合理引导,允许他兴奋片刻,同时提醒孩子不能骄傲。

(3)今日事今日毕,但不能逼迫孩子。孩子烦躁的时刻正是他感到无能为力的时刻,也正是因为没有放弃,所以才会烦躁。这时候,孩子更需要家长的支持,而不是家长的打击。比如,家长可以给孩子一杯水或者一个苹果,并对孩子说:"爸爸/妈妈理解,先休息一下吧!"等孩子情绪缓下来,再给孩子鼓劲儿:"做一题是一题,一定可以写完的!爸爸/妈妈相信你一定会战胜困难的!"

(4)让孩子散漫一会后,家长再提醒。这里请记住,家长不是一看到孩子散漫就立刻提醒,允许孩子松口气，十五分钟左右后再提醒孩子："玩够了吧？大好时光，快好好写作业。"

（5）家长应不间断地修炼自己的心态，才能运用好以上的方法。而修炼心态的方法，我们在前面的章节里已分享过很多。

贪玩是孩子的天性，督促是家长的责任。把孩子的问题推给孩子是方向的错误，推给学校与社会亦是方向的错误，推给家长同样是方向的错误。正确的方向应该是调节家长的心态。

接下来，我给大家分享接纳的力量。很多家长来到咨询室，首先会对孩子进行一通批评，当我说他没有真正接纳孩子时，他会立刻否定："不是这样的，我经常鼓励他，没用！""不是这样的，我对他特别好，没用！""不是这样的，我为他花了很多心血，没用！"……

其实，"不被接纳"正是孩子叛逆的起源。而孩子不被接纳的原因一般有以下三点：
（1）家长认为自己的某一个孩子比较优秀，而不接纳另一个孩子；或者认为别人家的孩子比较优秀，而不接纳自己的孩子。
（2）家长认为自己很优秀，不接纳孩子。
（3）家长责任感缺失，不接纳孩子。

事实上，并不是这个孩子不优秀，而是家长缺少发现优秀的眼睛，或者有"认知局限"。每个人都有自己擅长的事情，只要你心中充满纯粹的爱，一定会发现每个孩子的长处。既然人人都有不足,那又有什么理由不接纳这个孩子?家长应打破自己的认知局限,找到孩子的优点并支持他!

家长责任感缺失又可分为两种情况:一是家长不接受孩子有些异样的现实,二是家长没有精神上的承担力。现在很多孩子有注意缺陷多动障碍,这与饮食结构、家庭环境、遗传因素、环境污染等都可能有关系。孩子没办法认真学习、与人好好交往,这不是孩子的错,孩子才是受伤最大的那个人。父母不理解孩子,不肯接受现实,不愿接纳孩子,才使整个家庭更加受伤!如果发现孩子确实有一些不同,家长应带孩子到正规医院做专业测试,然后听从医生的建议,该用药用药,再配合家庭氛围的调整,相信孩子一定会好起来的!

家长没有精神上的承担力,主要是指家长的心理水平还停留在未成熟阶段,简单来说是精神自私。我们试想一下,十几岁的孩子怎么可能与几十岁的大人一样懂事?爱玩才是孩子的本性!但是,心理未成熟的家长可不管这些,他只图自己痛快,才不管对孩子一生的影响呢!所以,要骂就骂,要哭就哭,要生气就生气,要较劲就较劲!如果你也是这样,那么请抓紧时间磨炼心智吧!莫为过去而内疚,提升自我是消除内疚的最好办法。如此,你和孩子就能收获幸福。

孩子焦虑抑郁产生的早期也是不被理解、不被接纳。家长与其事后着急,不如提前经营好亲子关系,预防孩子抑郁。在抑郁早期,爱与鼓励是对孩子最好的疗愈方式。若是由粗暴的家庭教育造成，父母应马上停止对孩子自尊心的打击，改掉打骂孩子的习惯，多给孩子信心与温暖。如果抑郁已发展到比较严重的状况，孩子出现了社交障碍，情绪低落，经常躁狂，甚至有轻生的念头，家长千万不能掉以轻心，应立刻带孩子去专业医院接受正规治疗。接受正规治疗以后，再配合整个家庭的调整，孩子的情况会得到缓解。有不少家庭在积极面对以后，不仅使孩子从抑郁里走了出来，而且整个家庭的气氛也比以往更欢乐了！

十八、奋斗是为了获得快乐

本章，我们来探讨一下奋斗的意义。

记得小时候，我很喜欢在院子里放声高歌，纵然跑调也不在乎。有一位邻居奶奶（按辈分如此称呼，其实她与我的妈妈同龄），一听到我唱歌就高兴。有一次，她情不自禁地为我们唱了一首戏曲，只见她宛若少女，脸上竟泛起了光彩。唱完戏以后，她给我们讲了当年在生产大队的快乐时光。那会儿的她正青春，与一群同龄人共同劳动，随着她的回忆，扛着锄头共欢笑的情景在我们的脑海里生动地浮现了出来。后来我们多次邀请她开腔，她总是拒绝，并跟我说："如果有一天，我也住上了小洋楼，就坐在楼上给你们唱。"终于，她家也建了小洋楼，但依然很难看到她的笑容。

在我们的身边，也见证了很多实现梦想的朋友，却没有见过他们痛快地笑。我问过很多人："你那么辛苦，是为了什么呢？"有的说为了孩子能读好的学校，有的说为了能过上好日子，有的说为了到大城市扎根，有的说为了争口气……我再问他们："如果实现了梦想，你会怎样？"他们都无一例外地回答："我会很高兴。"这个答案如此的统一,令我感到十分惊讶。

如果说奋斗是为了获得快乐,那么为何不直接寻找快乐呢?我们可以在快乐中奋斗呀!这时,我发现我的身边热闹极了:至少有八种不同的鸟叫声,此起彼伏,清脆无比;满眼都是绿葱葱的风景,路旁的小花争芳斗艳,好不美丽。

原来,我一直享受着世外桃源般的风景,为什么之前没有察觉?抬头一看,满树的槐花洁白又丰盈。这让我突然想起,距上一次认真观察槐花已有二十多年了。这着实让人有些懊恼,闷着头奋斗了这么多年,却把快乐的初心丢了。此刻,竟然有点泪眼蒙眬,我问自己:"你有多久没有放声高歌了?你有多久没有痛痛快快地笑了?"于是,我立刻放下了写作,此刻只想寻找快乐的初心。

于是,我来到小河边,脱掉了鞋袜,把双脚放进了尚有些冰凉的水中。两只脚像极了两个调皮的好朋友,它们时而拍打河水,时而撩起河水,那水时而变成浪花,时而变成喷泉。几只鸟儿时不时地从河面掠过,再配上蓝天白云的乐章,我欢快地唱了起来:小小的一片云呀,慢慢地走过来,请你们歇歇脚呀,暂时停下来,山上的山花儿开呀,我才到山上来,原来嘛你也是上山,看那山花儿开,啦啦啦啦啦啦啦啦啦……女儿被我愉快的歌声吸引了过来,她也加入了戏水与歌唱的行列。有一根大树的枝条刚好触碰到河面上,被微风轻轻一吹,似乎在为我们找到了快乐而欢呼。这时,一位七十多岁的老奶奶来到了我们身旁,她还带了一只可爱的小狗。老奶奶跟着我们笑起来,笑出了爽朗的声音,小狗也乐呵呵地围着我们打转。眼看太阳快下山了,我们才穿起了鞋袜走上回家的路。

这时,我突然想起了一个故事:从前有个富翁,他看到一个乞丐在沙滩上晒太阳,就取笑乞丐不思进取。乞丐反问他:"你奋斗的目标是什么?"富翁答道:"赚更多的钱。"乞丐又问:"赚了钱以后呢?"富翁再答道:"在自己的小岛上享受阳光。"乞丐微笑着说:"我不正是在沙滩上享受阳光吗?"乍一听好像挺有道理,但我一直想为这个故事补充一个续集:当他俩百年归去的那一刻,富翁的回忆里装了五彩斑斓的美,而乞丐的回忆里只有单调的沙滩。再继续补充下去:不同的富翁有不同的感觉,一些内心拧巴的富翁,或许回忆里装的全是辛苦;不同的乞丐也有不同的感觉,一些曾奋斗过的乞丐,或许回忆里装了满满的幸福。不奋斗的人生是不快乐的,看不见美好的人生也是不快乐的。唯有把它们综合起来,才能遇见快乐。所以,咱们在找回初心的同时,还要具备看见快乐的力量!

我带着快乐的状态回到了家,刚好看见大侄女正在写英语作业。她说:"我真想放弃英语!"我轻松地告诉她:"孩子,可别放弃,你的英语水平比姑姑我强太多了!"这孩子害羞地笑了笑,我继续讲:"别给自己那么大的压力,每天多记五个单词便很厉害了,你是我的英语老师!"过了一会儿这姑娘开开心心地跑过来,对我说:"姑姑,你的话有魔力吗?我刚才竟然静下来了,作业完成得飞快。"嫂子听了她女儿与我的对话，也跟着高兴起来。

为什么不快乐地奋斗呢？我忍不住用手机放起了歌曲《今儿真高兴》，几个孩子在身边快乐地扭了起来！我知道，带着这种状态，他们的学习效率一定能提高。希望你也能拥有找回初心的力量以及看见快乐的力量！每天记录三到五件让自己高兴的事吧，生活一定能因此开心起来！

十九、这两个字拯救了不少家庭

本章，咱们来聊一聊家庭相处的话题。

自从研究实践派家庭教育以来，我经常会到孩子们家里家访。在这个过程里，我发现了一个非常有意思的现象：许多父母一开口就责怪对方，谁也不觉得自己有错。阿泽就生活在这样的家庭，那段时间他频繁地与同学发生冲突，妈妈表示一接到老师的电话就害怕。阿泽与同学发生冲突的原因五花八门，例如：他把我推摔跤了，他骂我是笨蛋，他碰掉了我的水杯……后续语句是：所以我才打他，所以我才骂他，所以我才把水洒在他的凳子上……

最初老师也尝试着理解阿泽，可这种事情发生得越来越多，老师不得不相信：大多数情况都是他先找的茬。爸爸妈妈想尽了各种办法也无济于事，于是来到我的咨询室。

有一次，我去他家里家访，孩子满心欢喜地把水果递了过来，我马上表扬道："谢谢阿泽，你真是个贴心的男子汉！"谁知道阿泽妈妈竟然接了一句："他才不贴心呢，我累死累活地照顾他，他还不听话，又在学校惹事了！"虽然我已交代过阿泽的父母，有外人在的场合不要否定孩子，但他们依然没有忍住。阿泽爸爸又冷冷地对阿泽妈妈说："还不是你惯的！一会叫宝贝，一会又乱吼，孩子能听话吗？"阿泽妈妈立刻反击道："你天天在外面潇洒，管过孩子吗？"这两口子就这样当着孩子的面吵了起来。阿泽的情绪明显低落下来，默不作声地走进了房间。那一幕，真让人心疼。

习惯性否定已经成了他们家的交流模式，这正是阿泽不会与他人相处的根源。孩子在家里养成了开口说话就用顶撞的语气的习惯以及总是挑剔对方的性格，在与同学交流的时候也是如此。习惯性否定也是阿泽的父母同在一个屋檐下却形同陌路人的原因。通过婚姻测评，阿泽的父母清楚地意识到为了孩子，他俩都不想离婚。于是，他们接受了家庭调整计划。

首先，要处理各自的情绪，允许情绪合理地释放。然后，对他们的错误认知进行矫正：爸爸看见了妈妈在家里的付出，妈妈懂得了爸爸在外拼搏的辛苦，孩子也知道了要学习父母好的方面。随后，我给他们布置了第一项作业：互相说"是的"，并坚持半年。

一天，阿泽爸爸发现阿泽妈妈做了一道辣子鸡，他脱口而出："孩子已经上火咳嗽两天了，还吃这么辣！"这要搁在以前，阿泽妈妈指定会说："你没看见还有三道不辣的菜吗？"接下来争吵升级，孩子带着糟糕的心情吃饭，又带着糟糕的心情去写作业。

这次听了丈夫的指责，阿泽妈妈在心里委屈了十几秒，但她立刻想到了家庭调整任务——说"是的"。她轻声回应："是的，你说得有道理，我下次注意。"就这简单的两个字，给他们家里带来了神奇的变化，阿泽爸爸也跟着缓和了语气："知道你是为了让孩子适应不同的菜式，等孩子不咳嗽了再做辣的菜吧！"

半年之后，他们家庭的气氛变了：夫妻俩恩爱了许多，孩子的性格也好了许多，他还懂得了经常跟同学讲"是的"。阿泽再也不是大家眼中的小"刺猬"了，还交了许多好朋友。他们家在调整的早期，也有克制不住的时候，我们总会鼓励道："你们已经减少了抬杠的次数，这是很大的进步！"终于，他们在反反复复中稳定了下来，收获了如今的幸福。爱抬杠的家庭培养不出积极与人交往的孩子，不懂得积极与人交往的孩子收获不了快乐与成就！因此，我给大家分享的第一个力量便是"是的"的力量！

特别提醒： 有些社交障碍由多动症引起，如果发现孩子有不能克制的攻击性，或者情绪易激惹，应迅速带孩子去正规医院做专业测试。该用药时应用药，科学用药对孩子有好处，然后配合家庭氛围的调整，便能得到缓和。

接下来，我给大家分享的第二个力量是内心富有的力量。心理学家与社会学家早有研究：获得幸福或者取得成就的人，都是内心富有的人。一个内心富有的人，才会坚定不移地相信明天；一个内心富有的人，才会百折不挠地向前奋斗；一个内心富有的人，才会拥有积极且稳定的精气神,从而开辟出成功的道路!

我见过出生于贫寒家庭但内心富有的人获取了成功,因为他的眼界开阔,内心无比宽广;我见过出生于优越家庭但内心贫穷的人活得非常自卑,因为他的目光短浅,内心无限狭隘。我们生来既不平等也平等,每个人都具备内心富有的力量,只是我们选择了视而不见。阳光无条件地为你服务了这么多年,你本富有;空气无条件地为你服务了这么多年,你本富有;青山绿水无条件地为你服务了这么多年,你本富有。

我们可以通过不断地练习,找回自己富有的力量。在心情低落时,蹦一蹦你的双脚,压力释放后再与它对话:"谢谢你,我的双腿双脚,有你们,我很富有!"然后,静静地感受一下的你的内心,会收到不可思议的力量。

双脚可以帮助你跨越困难,双手可以帮助你创造美好!在劳累时,双手交叉着轻拍自己的胳膊,轻松一些后再与它对话:"谢谢你,我的双手、双脚,有你们,我很富有!"然后,静静地感受一下你的内心,也会收到不可思议的力量。

是的,你一直很富有!你拥有盛满光明的眼睛,它使你看见亲人的面庞,还带你领略世界的风光;你拥有智慧无限的耳朵,它使你听见朋友的鼓励,还带你畅游于信息的海洋。我们应当找回内心富有的力量,把它妥妥地放在心中,然后带着满满的动力去工作、去生活、去追求!如此,效率一定更高,好运来得更快!

二十、打开小长假的正确方式

很多家庭选择在五一假期出游,希望在短暂休整以后,家长能以更饱满的状态去工作,孩子能以更积极的精神面貌去学习。说好了出游是为了放松,可为何很多人忘了初心?总是为了很小的事情与家人争吵,从而使休息变成了添堵!我们应当有战胜"情绪魔鬼"的意识,若发现家人的情绪不对了,其他家庭成员不能上"情绪魔鬼"的当。此刻,只需要对他说"是的,我们愿意听你的建议",便可完美化解。出门本来就是为了开心,没必要因无所谓的对错,而扰乱了度假的心情。

在此,我要给大家分享的第一个力量是歌唱的力量。唱歌或唱戏不仅能排解不好的情绪,还能提高人体免疫力,有着非常好的疗愈功能。我曾经听一个精神科的医生说:过去的人们虽然很辛苦,但张开口就唱"一条大河波浪宽……",内心越唱越豁达;如今的人们衣食无忧,却喜欢唱伤感的歌,内心越唱越脆弱。

为此,我专门做过一个实验:一天早晨,我播放一首欢快的歌曲,自己再唱一遍,一整天心情都特别好,工作效率非常高;又一天早晨,我播放一首悲伤的歌曲，自己亦再唱一遍，那一天心情莫名低落，工作生活也受到影响。歌唱是一种很好的疗愈方式，但一直唱伤感的歌，只会减少人的正能量。这并非意味着不能再唱伤感的歌，偶尔唱一下可以舒缓人的情绪，太多则容易使人掉入不快乐的漩涡。咱们要唱充满力量的歌，要唱能给人带来希望的歌！你看古代的战场上，为什么要擂鼓助威？因为它可以鼓舞人的斗志，激发人的动力。选择歌曲也应当如此。

我在多愁善感的青春期，全靠抄歌词与唱歌来排解不好的情绪。那会儿的女生都有手抄歌词本，用娟秀的字迹抄满了优美的歌词，还有明星画贴与用彩笔"装扮"过的歌名。那时候，我总喜欢与小姐妹们凑在一起，一页一页地翻，一首一首地唱。一直唱到尽兴才作罢，一直唱到烦恼消失才停止。我唱歌有个特点——不在调上，由此还被人嘲笑过，但我丝毫不在乎，因为背后有个给我自信的父亲。他告诉我："今天在意东家怎么说，明天在意西家怎么看，人还怎么过日子？"于是，我想唱就唱，痛快极了！

父亲对我的欣赏发自内心的：我看书，他欣赏；我朗读，他欣赏；我创作了自己的第一幅对联，他也欣赏。有一次，父亲很认真地对母亲讲："你看，女儿跟电视上的播音员一样好看！"母亲虽然白了他一眼，但也忍不住笑了。想想我自己，虽然普通，但从没自卑过，这多亏父亲给予了我自信的力量！今天说出了我的自信来源，不是为了嘚瑟，而是想告诉所有的父母：欣赏你的孩子吧！你若有心，孩子自有被欣赏之处！

被父母欣赏的孩子，必然拥有自信的力量。无论天有多黑、路有多滑、事情有多艰难，自信的孩子也不会怕。如果孩子性格内向，你可以欣赏他的稳重；如果孩子性格孤僻，你可以欣赏他的特别，其实人类的许多成就都由"活在自己世界里的人"所创造；如果孩子学习成绩一般，你可以欣赏他的动手能力，未来做个创作大师也不错……

如果家长小时候没得到自信的力量，请不要难过，如今，你可以赋予自己自信！因为经历了那么多挫折都没有倒下，你应当为强大的自己而感到自信。相信我，你是自己世界的冠军，你担当得起这份自信，它本来就属于你！我喜欢充满自信地歌唱人生，也因此收获了许多有深度且充满正能量的朋友。

前段时间网约打车，我总会跟司机讲："师傅，麻烦关掉音乐，我想安静一下，谢谢！"歌唱是人生的需要，静心也是人生的需要。虽然也曾年少，也曾喜欢过摇滚与迪斯科，但如今再也欣赏不来了。现在，一听到嘈杂的音乐，我的头皮就发麻，为此我还质疑自己的包容性不够。听了心理学前辈的分析，我才了解了个中原因。人在青少年时期多巴胺非常充沛，因此喜欢激烈的音乐。随着人生的沉淀，性格逐渐稳定，与喧闹的声音也就渐行渐远了。这位前辈还建议：人们在开车的时候，尽量不要放狂烈的音乐，它会使人过于兴奋，提神不成还可能会带来隐患。

在这个美丽的假期，我们可以在车上放一些经典老歌，家长在怀旧中放松，孩子也可以在无形中享受优美的词句。我们还可以找一处美丽的地方，然后放声高歌！出门旅游的朋友，可以吼一吼："是谁带来远古的呼唤，是谁留下千年的期盼，哦……我看见一座座山一座座山川，一座座山川相连，呀啦索，那可是青藏高原！"吼完以后，自己感觉一下，是不是元气满满？对未来迷茫的朋友，可以放开嗓子唱一唱："我知道，我的未来不是梦！我认真地过每一分钟！我的未来不是梦！我的心跟着希望在动！跟着希望在动！"唱完以后感觉一下，是不是找回了很多的信心？

歌唱的力量与自信的力量，你收到了吗？

二十一、莫让习惯性冲动毁了孩子

某地4岁女童遭继母与生父毒打住进重症加强护理病房，送医时已昏迷，遍体鳞伤。看到这则报道，我浑身都在颤抖！

预防就是最好的保护！犯罪心理学上说，每个人都可能是一个潜在的罪犯。在经济高速发展的时代，人们的焦虑日益增多，把情绪发泄在孩子身上的人不在少数。好在大部分人逐渐意识到调整心态的重要性。伤害孩子的念头一旦出现，就要即刻将它掐灭，否则会发展为习惯性冲动。非常客观地讲，每个人都可能产生习惯性冲动：最初只是用衣架打孩子，慢慢可能演变为用绳子抽，再后来便堕入"恶魔模式"，毒打起孩子来一发而不可收！一般情况下，绝大部分人会停留在第一步，然后，冲动的念头会被"爱的调节器"叫停。

习惯性冲动的人，一般具有以下特征：
（1）父母有习惯性冲动。
（2）受过严重伤害。
（3）性格偏激。
（4）缺少爱的滋养。
（5）不懂自我管教。

如果我们已经"复制"了父母的习惯性冲动，是时候告诉自己要扔掉这个恶习了：

（1）把冲动带给父母的麻烦列在纸上。

（2）把冲动带给自己的麻烦列在纸上。

（3）如果方便，亲手把这两张代表冲动的纸烧掉，然后扔进垃圾桶。

（4）下决心扔掉冲动，大声地对自己讲十遍："冲动不是我的，我要扔掉它！"

（5）可以戴一个有爱心装饰的手镯、戒指或者项链，每天对它讲一次："冷静可以带领我渡过一切难关，爱可以给我带来好运气！"这个物品被赋予冷静的意义后，在你冲动时，它便能起到巨大的抑制作用。

（6）运用科学方式排解不好的情绪。（温馨提示：本书中有很多实用的方法）

（7）找回冷静与爱。

若因为受过严重伤害、性格偏激、缺少爱的滋养等造成的习惯性冲动，可以通过调整错误认知与进行自我管教来克服：

（1）伤害是过去的，我不能被它奴役一生。

（2）性格是可以培养的，别人能培养好性格，我也能。

（3）我被大自然爱着！我被自己爱着！……

（4）坚持训练，直到内心变得柔软。

（5）就算中间有反复也不放弃，告诉自己："我一定能变得更好！"

培养爱的能力与增强法律意识,都可以促进家长的自我情绪管理。家长每与孩子发生一次小冲动,事后都要进行自我教育,并反省:

(1)在笔记本上写:冲动会引发暴力,甚至触犯法律。

(2)坚定地告诉自己:我能改!

(3)我的孩子有很多优点,比如……

(4)我的情绪来源于压力,现实里有很多比我压力更大却做得非常好的人,我要学习他们的强大。

(5)真诚地向孩子道歉。

在前文,我们特意讲了要阻止不健康的内容通过书籍进入孩子的世界。同样地,我们也要阻止不健康的信息通过手机进入孩子的世界。从孩子可以自主阅读开始,家长就要提前帮助孩子建立正确的阅读观:

(1)多与孩子分享阅读经典图书,获得幸福的故事。

(2)与孩子分享,有些人受到虚构血腥故事与低俗色情信息的影响,从而一生痛苦,甚至走上犯罪的道路。

(3)告诉孩子:我爱你,相信你会选择健康的信息和书籍来阅读。

此外,家长还要对孩子进行心理健康的教育:

(1)青春期冲动是正常的,说明你长大了,是好事。

(2)每个人都会经历这个阶段,可以通过看书或者运动进行排解。

（3）不要上不健康视频的当。现实是，未成年人若发生性关系，双方的身心都会受到严重伤害。

（4）我爱你，相信你会保护自己！

如果孩子已经受到了不良信息的侵害，家长千万不要放弃孩子，而要给予孩子耐心与爱，多带孩子去接触美好的事物，比如做公益、接触正能量的朋友，多给孩子讲美好的事物。只要家长愿意朝着阳光的方向走，孩子也一定能收获光明的未来。

二十二、想获得一番成就，先收下这两个大礼

本章，我要给大家分享的第一个力量是删除的力量。我们每过几天都要将手机里的图片、语音、缓存等删除，否则手机会卡顿。如果把人脑比作手机，几十年都不清理内存，你们觉得会不会卡顿？是的，当思维混乱的时候，就是大脑卡顿的时候。所以，我们的大脑也应当删除一些信息。

首先，我们应当删除头脑中的虚构故事，因为人们90%的烦恼、抱怨、恐惧、伤心、憎恨，都来自想象出来的事件。某天，我写完稿子已是深夜，正要休息时，听到楼上咚咚咚地响。刚开始以为是小孩儿贪玩，过一会儿就会安静，于是我听着音乐默默等待。半小时过去了，声音不仅没有停止，还越来越响，有点像在组装家具，我想楼上的邻居可能在假期才有时间吧，理解万岁，我再等等。又过了半个多小时，这家具依然没组装完，我开始有点烦躁了。再仔细一听，竟然像打麻将的声音。此时已经凌晨，如果这声音再不停止，我打算上去敲门，连该用什么方式沟通，我都想好了。

正郁闷时，女儿来到我的房间。她听了我的诉说，

二话不说就爬到了上铺准备敲房顶。我赶快站起来阻止这个9岁的娃娃，邻里邻居的，哪能让矛盾升级？站起来之后，我突然乐了，搞了半天，这声音跟人家一点关系都没有，原来它源于自家的卷帘。因为这两天气温高没关窗户，微风吹动了卷轴又撞到了墙面，于是发出了响声。你看，人脑编造的故事多么丰富，难怪情绪会在虚构里沦陷。有些家长，因为孩子暂时学习不好，便虚构出未来孩子生活艰难的场景；有些大人，因为朋友无意义的一个表情，便虚构出自己自尊心被打击的情景；有些情侣，因为对方没及时回信息，便虚构出不被爱的情景。如果不及时删除这些虚构的故事，那么我们的语言和行为都会被它牵着走，直到把虚构变成事实。

其次，我们要及时删除负面信息和负面情绪。对于社会上的负面信息，可以了解但不要沉沦。如今信息传播很快，媒体又热衷于聚焦负面，因此我们常常看到很多不好的信息。人应当控制自己的聚焦点，不要过多地关注负面信息，不让心情随之低落。

当亲友遇到了烦恼，我们可以给予力所能及的帮助与鼓励，但不要把对方的情绪背在自己身上，让它影响自己正常的工作与生活。删除负面情绪不等于删除爱，我们依然可以为亲友送上温暖与祝福。除此之外，我们还应当删除过分的内疚、内心的报复以及对他人狭隘的评判。对父母不要过分内疚，把自己的日子过好就是对父母最大的孝顺；对孩子不要过分内疚，你已经尽可能地把最好的一切都给了他；对亲友不要过分内疚，伤也好爱也罢，都是互相的。

如果对过往的一些人和事，仍然有报复念头，请及时删除。从古至今，所有的报复最后都变成了自我报复，因为冤冤相报何时了！最好的"报复"是，化报复为祝福。

接下来，我给大家分享的第二个力量是沉稳的力量。"沉"代表沉下心、沉住气；"稳"代表稳当、稳重。

有一对好兄弟，他们一起报名参加销售管理的课程。其中一个人尽管被嘲笑与挖苦，甚至被父母泼冷水，依然沉下心来钻研。如今的他，已成为父母的骄傲。另外一个人则是三分钟热度，从不认真思考与沉淀。如今的他，仍然挣扎在温饱线上。过去已经过去，未来还没来临。无论你在哪个行业，请沉下心来学习吧，为自己的未来打基础。当我们遭遇挫折时，更应当沉住气。相信熬过去就能见到彩虹，增强实力就是最好的底气。

说到稳当与稳重，让我想起了"小猴子掰玉米"的故事。有一天，一只小猴子下山来，它走到一块玉米地里，看见玉米结得又大又多，非常高兴，就掰了一个，扛着往前走。小猴子扛着玉米，走到一棵桃树下。它看见满树的桃子又大又红，非常高兴，就扔了玉米去摘桃子。小猴子捧着几个桃子，走到一片瓜地里。它看见满地的西瓜又大又圆，非常高兴，就扔了桃子去摘西瓜。小猴子抱着一个大西瓜往回走。走着走着，看见一只小兔子蹦蹦跳跳的，真可爱。它非常高兴，就扔了西瓜去追小兔子。小兔子跑进树林子，不见了。小猴子只好空着手回家去。

小时候以为这只是一个童话故事,直到自己也成了这只"小猴子",才懂得了它的喻义。16年前,我已开始研究家庭教育,但那会儿的自己性格不稳当,做事不专注,同时还在尝试许多行业,包括网络公司与布料批发等。直到7年前,我全部身心投入研究家庭教育当中,才取得了一点成绩。人在30岁之后应该稳重,既然每一种选择都经过了深思熟虑,那么就守好初心吧。要相信深入耕耘,必有收获。稳重是扎根奋斗,不扎根的人将到处漂泊。因此,做人要稳重,守住品;做事要稳重,守住德。

二十三、和解后的富足

本章，我打算把超豪华的"礼物"分享给大家，它们是和解的力量、"上瘾"的力量、静心的力量、财富的力量、信仰的力量。

人们有了冲突才需要和解，几乎所有的不幸福都源于没有与冲突和解。从关系上来讲，冲突包括自我冲突、亲子冲突、夫妻冲突、亲友冲突、合作冲突等；从类型上来讲，冲突又包括观念冲突、利益冲突、角度冲突等。

我看过一部电影，名叫《花椒之味》。故事中的如枝与妈妈闹得很僵，因为妈妈一开口总是对她冷嘲热讽。后来，如枝开始疏远妈妈，甚至离家出走……伤心的妈妈没有发现，这伤害其实不是如枝给她的，而是她自己给自己的。她明明很爱女儿，却一开口就变了味。直到电影结束，妈妈才知道矛盾的根源是自己不懂正确表达。

既然冲突是回避不了的，那么我们不如学着跟它握手。越是害怕它、压制它、反抗它，它越容易给我们带来过激、恐惧与混乱。我们要允许冲突的存在与来临，事后深深地看自己，一直往内看，直到看见它给你带来的"礼物"：亲子冲突提醒你正确沟通，夫妻冲突提醒你互相理解，亲友冲突提醒你平衡界限，合作冲突提醒你提升能力，观念冲突提醒你多元思维，利益冲突提醒你开阔格局，角度冲突提醒你增长智慧。只有坦然地接受冲突，才能收到它带来的积极信号，幸福也会在冲突化解后降临！

有的父母喜欢把成人的委屈带给孩子，有的人喜欢把自己工作上的委屈带回家庭，有的人喜欢把过去的委屈留到现在，而这些都容易演变成冲突。化解的办法如下：

（1）在一根线上贴张纸条，纸条上写"过去"两个字；

（2）用这根代表过去的线绑住自己的双脚；

（3）试着往前行走；

（4）告诉自己，这就是你的真实写照；

（5）亲手剪掉这根阻碍你走向幸福的线；

（6）当冲突来临时，迅速回忆这个画面，避免不良情绪发展；

（7）让自己安静下来，接受冲突带给你的礼物。

不要让过去的伤害挡住了未来的幸福，与自己和解了，也就与世界和解了。

接下来，我给大家分享的是"上瘾"的力量。咱们都知道打游戏会上瘾、看电视会上瘾、吃火锅会上瘾。

可你知道吗，做家务也会上瘾，管理情绪也会上瘾，克服困难也会上瘾。

从小到大我都不擅长做家务，更别提做饭了。连父母也很难相信，如今的我竟然爱上了做饭等家务活！既然犯懒能上瘾，做家务也能上瘾，我们为何不选择更幸福的"上瘾"方式呢？人间烟火气，最抚凡人心。孩子们吃着我做的饭菜，格外放心，格外香甜。

做家务上瘾了以后，我的内心越来越敞亮。擦地板的同时，心也被擦了一遍；扔垃圾的同时，烦恼也随之扔了出去；摆置物品的同时，大脑也跟着梳理了一遍！

我的脾气曾经非常暴躁，在尝到管理情绪带来的甜头以后，我对管理情绪也上瘾了。如今的我彻底变了，性格越来越柔和，心情越来越喜悦，生活也越来越幸福。

给我带来巨大变化的，还有静心的力量。往常遇到事情，我总会火急火燎！而如今的我会选择先静心半小时再做决定。每次，我都能在静心的过程里，理清思路并找到方向。静心是我人生的巨大宝藏，它使我脱胎换骨，遇见幸福！

财富的力量亦是人们不能缺少的力量，它包括身体财富、心灵财富、物质财富。身体健康带动了心灵健康，心灵健康又促进了身体健康，它们是不可分割的整体。身心健康是人生最大的财富，有了它，人才可能创造出物质财富。倘若没有身心健康，再多的物质财富也将付诸东流。

这么多的力量其实都只围绕一个字——爱。爱是化解冲突的最佳办法，因为人人都渴望被爱；爱是这个世界上最好的疗愈师，因为所有的伤痕都来源于缺爱；爱是获得幸福的唯一钥匙，因为一切幸福都建立在爱自己、爱世界的基础之上。让我们为找到爱而喝彩！

经典课程篇

一、感恩母亲还是感恩苦难

每到母亲节，微信朋友圈都充满了对母爱的感恩。这是一件特别美好的事。我也诚挚地祝愿我的妈妈和婆婆快乐、健康、幸福！我爱你们！谢谢你们！

我的两个孩子也在母亲节对我表达了祝福，我微笑着告诉他们：无论是现在还是未来，哪怕到你们80岁，都要记住——你们是妈妈的幸运星，不欠妈妈什么。能照顾你们，妈妈很快乐！让自己快乐幸福，就是你们给妈妈最好的礼物！

以前在看书时，我总会被母爱的伟大感动得热泪直流。直到这些年我接了无数的心理咨询，才发现我们对母爱的感恩似乎被扭曲了。母爱应当是美好的、幸福的，但不知从什么时候开始，感恩母亲演变成了感恩苦难。

在很多人的潜意识里，一提到感恩母亲，就本能地想到了母亲是辛苦的、艰难的，我们欠母亲太多，感恩的同时带着深深的内疚。这种沉重的负荷，几乎伴随了大部分人一生。物质条件一般的人，内疚不能让母亲过上好日子；可以给母亲不错物质条件的人，又内疚不能陪伴父母。就连学生都会因为考不好而觉得愧对母亲。然而，学习的本质，难道不是为了自己吗？内疚会吞噬我们的自信，激发我们的负面情绪，从而伤害到自己与身边的家人。难道这就是对母亲的爱吗？

想象我们翻开历史的画卷，将 5000 多年来的母亲们都聚集在一起。在这个想象中，咱们做一个调查：再给你一次选择的机会，且这一次做母亲可能会比之前更累，那么，你还会选择做母亲吗？你心中的答案就是她们的答案。到了谈婚论嫁的时候，人们主动选择了寻找心上人；到了该做母亲的时候，人们主动选择了做母亲。这是母亲们选择的幸福，因为孩子给我们带来了欢乐和动力。

作为母亲，让孩子背着内疚过日子和让孩子自在地奋斗，你会选哪一个？心理的不平和，无外乎因为两个字："怨"与"愧"。这两个字最后又演变成了一个字："攻"。抱怨的能量演变成攻击他人，愧疚的能量演变成攻击自己！而这两股能量的最底层根源，便是从孩子与父母的关系里延伸出来的。亲子之爱原本是宇宙中最为纯粹的爱，但是，我们的爱掺杂了各种纠缠与怨念。这种爱往往没有力量，还会拖住走向美好的脚步。希望这个固化了几千年的信念，从我们这一代开始能扭转过来。

感谢母亲就去爱母亲，用语言以及行动。但是，不要再将"感谢与感动"和"放大苦难"揉捏在一起了，这样容易将母亲对孩子的爱变成对孩子的心灵绑架。只有彼此轻松、互相祝福、互相加持的爱，才拥有世界上最强大的力量。下面与大家分享中国历史上一位了不起的母亲——欧阳修的母亲的故事。

欧阳修是北宋有名的文学家和史学家。4岁时，他的父亲就去世了。欧阳修的母亲家穷志不穷，靠辛勤劳动，一心把儿子抚养长大。欧阳修五六岁起，母亲就教他读书识字，教他做人的道理。没钱买纸笔，就用芦秆代替笔，把沙铺在地上当纸，一笔一画教欧阳修写字。这就是著名的"画荻教子"的故事。庆历三年（1043），欧阳修因支持范仲淹维持新法被贬职。欧阳修的母亲对他说："为正义被贬职，不能说不光彩。我们家过惯了贫寒的生活，只要你思想上没有负担，志气不衰，我就没什么可担心的了。"

我们应当学习欧阳修母亲的智慧。孩子成绩落后的时候，恰恰是最需要母亲鼓励的时候，此刻的挖苦打击，对孩子没有好处；孩子创业失败的时候，恰恰是最需要母亲鼓励的时候，此刻的唉声叹气与抱怨，容易使孩子一蹶不振。

感恩不应该只是歌颂苦难，也可以是甜蜜和轻松的。母亲不应该是劳累的代名词，而应该是美好的代名词。对母亲最好的孝顺便是，在力所能及的范围内，肯定自己、理解自己，让自己幸福快乐，同时肯定母亲、理解母亲，让母亲幸福快乐。祝天下的母亲们幸福安康！

二、简聊婚姻的本质

我认为,婚姻的质量源于人性的较量。人性有好的一面与坏的一面,每个人都有一半是天使一半是魔鬼,最后看哪一方胜出,仅此而已。

人性好的一面,比如付出、欣赏、感激、尊重、同情、理解、支持等;坏的一面,比如自私、挑剔、专制、藐视、贪婪、抱怨、打击等。所有婚姻的问题,几乎都可以在上面找到答案。

如果你看到上面那段话,本能地想,"哦!我家那位全是不好的一面,才导致我们的婚姻不愉快,他/她要是能理解支持我就好了",那么,你的婚姻可能继续维持不好的现状。

如果你看到上面那段话,本能地想,"哦!他/她有不好的一面,我也有不好的一面,才导致了婚姻不愉快,我尝试着从理解支持他/她开始吧",那么,你的婚姻将开始走向美好。一个固执地认为只是对方有问题的人,跟谁都过不好;一个懦弱地认为只是自己有问题的人,跟谁过都找不到自我。

一个人在婚姻生活里,不要耍赖皮,不要欺负对方,也不要试图压倒对方。不信你往后看,最后伤害的是你自己,欺负的是你自己,压倒的也是你自己。

大部分婚姻的走向都是:美好—憧憬—厌倦—折腾—磨合—冷静—分或者合取决于个体的一颗心。做了这么多婚姻咨询的个案以后,我发现一个规律:自己稳坐在天使位置上的人,日子会越过越好!

婚姻是一门极其深奥的学问,包括人类学、人性学、社会学、心理学、哲学等,哪是什么对错与道理能说清楚?婚姻亦是一件极其简单的事,每个人都可以经由这条路成长为更好的自己!婚姻如同一面镜子,可以让你看到自己所有的美丽与丑陋,然后走向真正的圆满。虽然婚姻的学问深奥无比,但有一点可以确定:能与自己和平相处的人,亦能与世界和平相处。这当然也包括能在婚姻中与伴侣好好相处。看一切都美,因为你美!

三、家庭教育与孩子的一生

家庭教育影响着孩子的一生，时时处处浸染着孩子。

曾国藩可谓是家庭教育的模范，"富不过三代"的传言被他的家族打破。他终生倡导寒素、勤勉、笃学的家风，其家族在200年间英才辈出，出了240余位杰出人物，大多成为学术、科技、文化领域的精英。曾国藩写给后人的家训，时至今日仍然振聋发聩，我们不妨用心学一学。每一句都值得读一读并以此要求自己。坚持下来，相信你也可以改变自己。接下来，我再讲一个当代家庭的教育案例。

赵阿姨是三个孙子的奶奶，子女孝顺、孙辈懂事、家庭幸福。年轻时，她受过婆婆的大委屈，当时连夫家的亲戚都说是她婆婆不对。赵阿姨也想过离婚，但她的母亲告诉她："日子是自己过的，不仅要对丈夫更好，未来还要赡养老人。"当她觉得生活辛苦的时候，她的母亲告诉她："人活着谁不辛苦？不辛苦哪里来的福气？"

在这样的家庭教育下，赵阿姨在经历了酸甜苦辣后做到了宰相肚里能撑船，日子越过越甜蜜。只有小学文化水平的她一不惧权威，二不丢善心，帮助过很多人。她还常常教导子女：一不懒，二不贪，三不耍小聪明。

赵阿姨有两个女儿。老大勤勤恳恳地在一家公司里做仓库助理，全心全意为公司付出。后来公司老总说，几十号人里，人品过硬的，她属第一，为此还直接送了她一些公司股份。老二靠自己的勤劳开创了一番事业，也如妈妈一样助人无数。很多人都说她们姐妹运气好，只有她们自己清楚是继承了母亲的善根，并且扎得很深。当她们抱怨别人时，母亲总会说："莫怪别人，多检讨自己。"当她们遇到人情冷漠时，母亲总是说："你看那戏里的，好人最后都还是得到好报了，世间一定是好人多！"

赵阿姨也有缺点，在生活中同样会与别人产生矛盾，夫妻之间也会有争吵，但她最终解决问题的方式总是非常大度，为众多亲友所敬佩。她年迈的婆婆如今也逢人就夸她好。她选择以德报怨，这不是盲目让步，而是心域的广阔与包容，这不正是能量的扩展吗？

既然家庭教育能影响孩子的一生，那么父母修心就显得格外重要了！父母谦虚，孩子就谦虚；父母浮躁，孩子就浮躁；父母焦虑，孩子就焦虑。因此，想让孩子上进，父母先要上进；想让孩子有耐心，父母先要有耐心；想让孩子运动，父母先要运动；想让孩子会说话，父母先要学会好好说话；想让孩子做个有格局的人，父母先要提升自己的格局。

后 记

又历经了大半年,将这16年的心血重新修改与再整理,在2022年9月15日正式完成!接下来,它应该去服务更多的家庭,去服务社会了。

这本书的落笔,我要感谢为实践派家庭教育付出过的每一位老师与朋友,感谢所有故事中的原型。特别感谢陆新之老师,如果没有他的专业指导,就没有这本书"升级"后的模样。由衷地感谢中山大学出版社的高惠贞女士、陈莹女士为本书的出版所付出的辛苦与努力。你们的付出,我都将铭记在心!

感谢生命中所有的朋友、老师和亲人,感恩这世上的包容与爱。我愿一直为世界和众生祈福!

张凤

2022年9月15日

于深圳